図説 英国貴族の城館

カントリー・ハウスのすべて

田中亮三◎文

増田彰久◎写真

河出書房新社

目次

プロローグ

カントリー・ハウス(country house)とは、おもにエリザベス朝末期の一五九〇年代から、ヴィクトリア朝初期の十九世紀半ばにかけて、主として貴族の称号をもつ大地主たちが、みずからの権勢を誇示するために、広大な所領《エステイト》(estate)に建てた壮麗な邸宅のことです。かならずしもカントリー・ハウス＝貴族の邸宅とはかぎりませんが、カントリー・ハウスの創建者はほとんどが貴族であるか、のちに貴族に叙せられた人たちでした。

何よりもすばらしいことは、そのような城館が英国には何百とあって、どんなに規模壮大であっても、それらは今も家族の住まいであり、多くは創建者の子孫に、「家」として受け継がれていることです。

これら英国にしかない貴重な文化遺産を、一人の日本人の眼と、日本を代表する建築写真家のレンズをとおして、ご紹介するのが、この本の目的です。

くわしい説明は本文に譲るとして、まず、美しい写真をご覧ください。建築とインテリア、それをとりまく庭園の全体的なイメージをつかんでいただくには、どんなに言葉を尽くした説明よりも、はるかに手っ取り早いと思います。

本書では、カントリー・ハウスはどんな風景に囲まれ、貴族たちはどのような部屋で、どのような暮らしを営んできたのか――貴族の文化の一端をお知らせできればと願っています。そして、これらの家の創建者とそれらを受け継いだ代々の子孫たちが、たゆむことなく整備をつづけた、英国の美しいカントリー・サイドをご堪能ください。

英国のカントリー・サイドもまた、自然に形成されたものではなく、人の手が丹精して育てあげた作品なのです。

第1章 華麗なる貴族の館

1 館内探訪

アプローチ *Approach*

門を入って数キロもあるような道程を、その地形により、並木を通り、渓流に沿い、さらにいくつかの門をくぐるといった予想外の変化をつけることで、期待感を高める工夫が凝らされている。

川のコースを変えて橋の向こうに館を望む絵画的風景を創造した。チャツワース。

マーブル・ホール。市松模様の床と壁、天井の重苦しい装飾は典型的なジェイムズ王朝様式である。右手前の絵はエリザベス１世の『アーミン・ポートレイト』。ハットフィールド・ハウス。

大広間《ホール》 *Great Hall*

初期のカントリー・ハウスでは、中世のマナー・ハウスと同様、天井が高い長方形の大きな部屋ひとつだけで二十四時間、家族と使用人すべての生活がおこなわれていた。急速にプライヴァシーが求められるようになった十六世紀後半からは、ホールは生活の場から宴会などもてなしの場に変わり、十八世紀以降はその壮麗さで訪れる人に感動を与える玄関ホールになる。

天井の「革紐のつなぎ文様」（ストラップワーク strapwork）はこの時代の特徴である。

高さ20メートル、長さ23メートル、幅10メートル。手前の純銀のワイン・クーラーは70キロの重さがある。バーリー・ハウス。

外観はハーフ・ティンバーの中世のマナー・ハウス（中世の荘園領主の屋敷）で、このホール（右ページ）から、しだいに建て増された。天井のパネルに「1505年ヘンリー7世の御代20年」と刻まれている。上のオルガンは1670年代の製作。18世紀にはヘンデルも来訪したと伝えられている。アドリントン・ホール。

バロック建築の巨匠ヴァンブルーの代表作で、英国でもっとも規模壮大な玄関ホール。コリント式の円柱が並び、上下に重なるアーチは私邸には例がない。天井画は宮廷画家ソーンヒルによるもので、創建者初代公爵がブレンハイムの作戦を女神に説明するシーン。ブレニム・パレス。

胡桃の木の階段（ウォルナット・ステアケース）。木製の螺旋階段はめずらしく、本体は胡桃で、欄干はオーク。1680年ごろつくられた。ドレイトン・ハウス。

階段《ステアケース》 *Staircase*

構造をイタリアのヴィッラ(villa)にならったカントリー・ハウスは、主要な部屋が階上に配置されている。階段は訪問客が玄関ホールで受けた感動を持続させ、奥に連なる部屋への期待感を高める重要な役割をもち、建築家はそのデザインに全精力を傾けた。

松材の壁板には、花、果物などの彫刻がほどこされている。手摺はオーク。ホープタウン・ハウス。

ナショナル・ギャラリーと同じW・ウィルキンズの設計による。ダルメニ・ハウス。

欄干はそのころはじめて輸入されたマホガニー材。壁画はケントみずからが筆をとったもの。ハウトン・ホール。

広間《サルーン》 Saloon

語原をたどればホールと同じく広間を意味するが、多くの客を招いての宴会や舞踏会の間として使用された。十八世紀から十九世紀には、玄関ホールにつづき、しばしば円筒形で階上まで吹き抜けで、円天井から外光を採り入れる広間がつくられ、サルーンとよばれた。

ヘヴン・ルーム。イタリアの装飾画家アントニオ・ヴェリオが遠近法を駆使して描いた天国の図。右は同じヴェリオが描いたフォース・ジョージ・ルーム。バーリー・ハウス。

19世紀のサルーンの代表格。ゴシック様式の特徴である尖塔アーチが多用されている。ハイクリア・カースル。

天井が高いため壁面が大きくなる閉塞感を戸外に向けた壁画でやわらげている。手前の銀製の塩入れは初代公爵の騎馬像。右は天井の壁画。ブレニム・パレス。

ロング・ギャラリー
Long Gallery

長い裾の服を着ていた婦人たちが天候の悪い冬期、戸外の散策のかわりにここを行き来したのが始まりといわれる。エリザベス朝期には紳士淑女が豪華な衣装や装身具を競い合う社交場であり、十八世紀以降はグランド・ツアーで買い集めた美術品の展示場や広い壁面を利用して図書室に改造された例も多い。

建築家ロバート・アダムの代表作。ティントレット、エル・グレコなどの名画が壁を飾っている。ハーウッド・ハウス。

18世紀に広い壁面を利用して約2万冊の蔵書を納めるライブラリーに改装された。チャッツワース。

イタリア、フランスの彫刻、絵画を展示するため、1814年穹窿天井（ヴォールト天井）のゴッシク様式に改装された。ウィルトン・ハウス。

90メートルの長さものロング・ギャラリーは英国でもめずらしい。17世紀の白い漆喰の天井には19世紀に金箔が貼られ、壁はイタリア風に改装された。ハットフィールド・ハウス。

初期ロング・ギャラリーの典型。両側に窓があって明るいのも特徴である。ハドン・ホール。

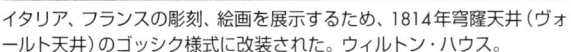

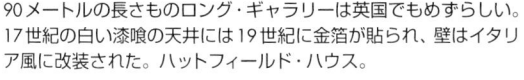

書斎《ライブラリー》 *Library*

「理性の時代」といわれる十八世紀後半には、新プラトン主義の復活にともない貴族たちのあいだに図書を集めることが流行し、どの家にも図書室が設けられた。これは書斎よりはむしろ、書架に囲まれた落ち着いた雰囲気のため、家族団欒の部屋として使われている。

1769年、ロバート・アダムのデザイン。ボウッド・ハウス。

文豪サー・ウォルター・スコットの蔵書。右手奥のスコットの胸像には、8月15日の誕生日にスッコトランドの国花ヘザーの小枝を飾る。右下はスコットの仕事机。アボッツフォード・ハウス。

マウント・スチュアート。

応接間《ドローイング・ルーム》 *Drawing Room*

本来は広間や大食堂の晩餐会から退出してひと息入れる部屋で、寝室の次の間が使われることが多かったが、しだいにここで来客を応接するようになり、今日では応接間の意味で使われる。

暖炉の上の等身大の彫像は、ジェイムズ1世自身から創建者ロバート・セシルに贈られたもの。ハットフィールド・ハウス。

元は中世のホール。17世紀に蒲鉾形の天井の古典様式に改装、壁の羽目板も1840年代に大理石風のペンキ仕上げに。家具の多くは17世紀末の作。ドレイトン・ハウス。

グラームズ城。

食堂《ダイニング・ルーム》 *Dining Room*

客を招いての晩餐会は大食堂(state dining room)やサルーンでおこなうが、ふだんの食事はもう少し小さな部屋でとる。しかし家族の食卓といえども正装に着替え、執事をはじめ何人もの男の召使いが給仕をつとめた。

16世紀の宴会場を18世紀にバロック風に改装。卓上の銀製の牡鹿は19世紀末に第7代公爵の銀婚式に領民から贈られたもの。ブレア城。

ダンロビン城。

1850年代のデザイン。正面の肖像画はエリザベス皇太后の祖父母第13代伯爵夫妻。食卓上の銀製舟形容器は夫妻の金婚式の記念品。グラームズ城。

ロバート・アダムのデザイン、ジョーゼフ・ローズの漆喰、アントニオ・ツッキの装飾画と三拍子そろったダイニング・ルームの代表作。ソルトラム。

寝室《ベッドルーム》 *Bedchamber*

近世に入ると「個人」という意識が高まり、中世の共同生活を脱して、個室・寝室が設けられるようになる。ベッドも四隅に柱がある天蓋つきの頑丈な造りから、しだいに瀟洒なものに変わっていく。

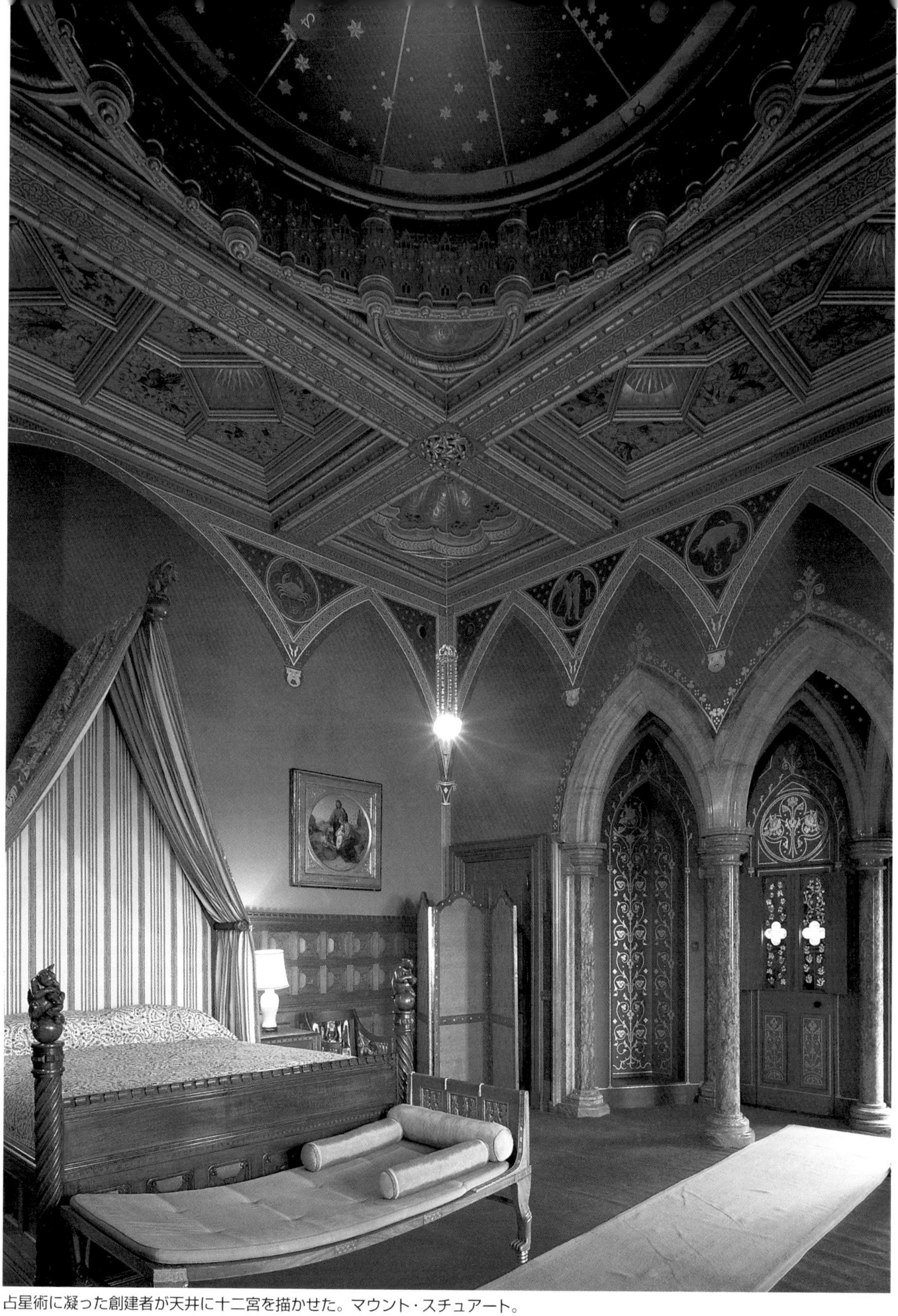

占星術に凝った創建者が天井に十二宮を描かせた。マウント・スチュアート。

1791年製のベッドを1844年ヴィクトリア女王とアルバート公の滞在に備えてサイズを縮小し、天蓋の上に幸福な結婚の象徴の接吻する2羽の鳩を飾ったもの。バーリー・ハウス。

ボニー・プリンス・チャーリーの寝室。ドラムランリーク・カースル。

浴室《バスルーム》 *Bathroom*

元来ヨーロッパには日本のような入浴の習慣はなく、体を拭くだけだった。たまに寝室で大きなほうろうの容器にお湯を入れ、腰湯を使う程度で、栓をひねって湯と水を注ぎ込むバスタブと専用の浴室が登場するのは十九世紀末から二十世紀の初めのことである。

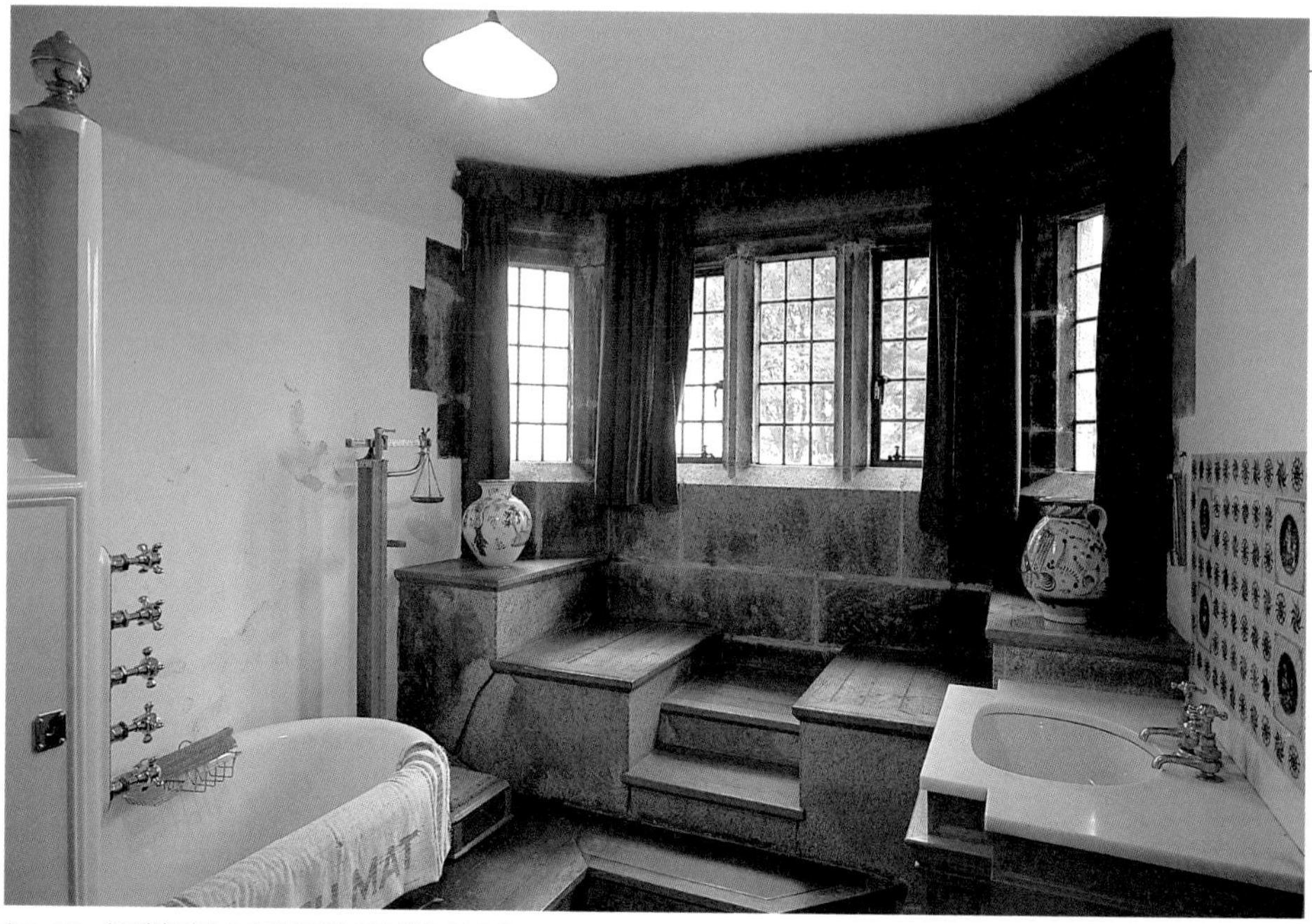

シャワーなど当時としては最新の設備をそろえている。カースル・ドロゴ。

鉛管で湯と水を引き、浴槽に落とし込む英国第1号の設備。1840年に侯爵の寝室に設けられた。ロングリート・ハウス。

水道が引かれる以前は、召使いが湯と水のジャッグを寝室まで運んで洗顔をおこなった。ハイクリア・カースル。

マホガニーなど銘木を使った便座で、蓋を閉じればチェストのようで見苦しくない。ハイクリア・カースル。

撞球室《ビリアード・ルーム》

Billiard Room

十九世紀にはどの館にも撞球室が設けられた。ここは男だけの世界で、婦人たちが就寝すると、男たちはここで球をつきながら、タバコとおしゃべりを楽しんだ。

ノルウェー産のオークのパネル。トマス・ロレンス、ゲインズバラ、ロムニー、ネラーらの描いた肖像画が並ぶ。バーリー・ハウス。

グラームズ城。

ここも元来はライブラリーだった。ダンロビン城。

撞球台がライブラリーにおかれている。マンダストン。

厨房《キッチン》 *Kitchen*

家中の食事を用意し、時には一〇〇人を超える来客の料理をまかなうため、床面積も広く、天井も高い。ここではクックの指揮のもと多くの男女が忙しく立ち働いていた。

18世紀半ば、わずか4か月半でビール1万4000リットル、ワイン200ダース、パン3333斤、肉5300キログラム、雉2589羽を消費したという。ビーヴァー・カースル。

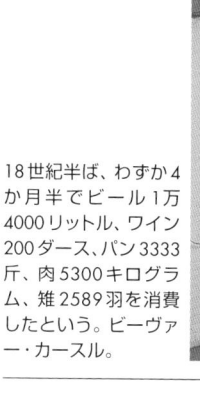

1890年代のミンリー・マナーの厨房風景。右から2番目がクック、左端は助手、3人の女性はキッチン・メイド。

現存する最古の厨房。100名を超える客の料理を用意するため260個の厨房器具を備えている。熱がこもらないように屋上まで吹き抜けの造り。バーリー・ハウス。

現在の設備になったのは1840年。最盛期には1日1トンの石炭を消費した。シアルスティン城。

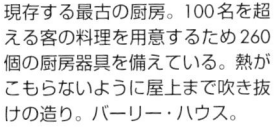

厨房に隣接する洗い場(scullery)。カースル・ドロゴ。

洗濯室《ローンドリ》 *Laundry*

毎日大量の衣類やリネンが洗濯に出されるため街の洗濯屋よりも広く、各種の搾り機やアイロンなどの機器を完備し、たえず数人のローンドリ・メイドが働いていた。

家事に従事する使用人が40人いたころは洗濯場と乾燥室が別で、現在の2倍の広さがあった。シアルスティン城。

アプローチ（*Approach*）

村の広場に面して錬鉄の門とその両側にひとつずつ古典様式の門番の家があり、その先に並木道がつづき、さらにいくつかの門があり、広々とした牧草地があり、道を曲がると突然、今まで見えなかった新しい景色が眼前にあらわれた。我々は台地の端にいて、下方半マイルほど向こうの木立ちの間に、古い家の円屋根と円柱が灰色と金色に輝いていた。

——イーヴリン・ウォー『ブライヅヘッド再訪』より

ホープタウン・ハウスの門と門番一家が住むロッジ。

この小説のシーンの時代設定は一九二三年のこと。——オクスフォード大学一年の主人公チャールズ・ライダーが、偶然知り合って親しくなった神秘的な美少年・マーチメイン侯爵の次男セバスティアンと、彼の家である壮麗なバロック様式の館ブライヅヘッド城（Brideshead Castle）をはじめて訪れるときの、館へのアプローチの描写です。

小説ですから架空の場所ですが、カントリー・ハウスへのアプローチのエッセンスみたいに巧みな構成です。

ウォーはこの作品が、彼自身の「青年時代の友人、ビーチャム伯爵（The Earl Beauchamp）の五人の子どもたちと、彼らのマダーズフィールド・ハウス（Madresfield House）をイメージして書いたが、現実と小説が対応している点はほとんどない」と述べています。実際にこの家とブライヅヘッド城で共通するのは、チャペルのアール・ヌーボー様式の内装だけだということです。

日系英国人作家カズオ・イシグロが英国の芥川賞ともいえるブッカー賞を受けた小説『日の名残り』は、一九九三年に、豪華メンバーで映画化され、大好評を博しました。その冒頭のシーンで、曲がりくねった坂道を車が降って行くと、やがて館の正面が見えてきます。

カースル・ハワード。遠くに見えるのが第一の門。手前に第二の門と古い城壁。

ロケがおこなわれたのは、イングランドの西部バース（Bath）の一三キロメートルほど北にあるディラム・パーク（Dyrham Park）で、街道に面した門を入るとしばらく坂道を降《くだ》り、十七世紀末に孤高の天才建築家ウィリアム・トールマン（William Talman 1650～1719）が設計したバロック様式のファサード（正面）が劇的にあらわれるように、設計されています。

規模の大きな館の場合、アプローチは何通りかあって、前記のように台地の端に到達したとき、突然視界が開けて、眼下に所領の全貌が見えて、その中心に壮麗な館が君臨するというケースもあれば、いくつかの門を過ぎて、最後の門の向こうにホックニーの絵のように、館の正面がくっきりとあらわれるようなケースもあります。

カントリー・ハウスのひとつひとつが、施主の個性や好みを強烈にあらわしており、建てることの最大の目的が、人に強烈な印象を与えることにあったので、アプローチに意外性をもたせることに腐心のあとがうかがえます。

大広間《ホール》(*Great Hall*)

家の構造、部屋の種類や配置は、当然のことながら、時代の推移による生活形態の変化に対応して変遷をつづけてきました。

十六世紀に生まれ、その世紀の末までに急速に発達を遂げたカントリー・ハウスは、その構造上の原型を中世の荘園領主の屋敷、マナー・ハウス(manor house)に求めるのが、一般的な考え方です。

マナー・ハウスでは、長方形のホール(大広間)がすべての中心でした。ここは一日二十四時間、主人の家族と使用人たちを含めた居住者全員の生活の場であったばかりでなく、客をもてなす宴会場でもあり、当時は治安判事も兼ねていた荘園領主の法廷にもなる、文字どおりの多目的ホールでした。

もっとも初期においては、大勢の家族と使用人を抱えた家は、高い石積みの壁に支えられた、細長い倉庫のような建物だったと推定されるので、ホールはのちにカントリー・ハウスに進化していく最初の細胞だったといえるでしょう。

ホールの食堂としての機能は、ほとんどそのまま今日まで、オクスフォードとケンブリッジのコレッジ(college)に引き継がれています。

ホールが家そのものであった名残りが、ハドン・ホール(Haddon Hall)、ハウトン・ホール(Houghton Hall)、ホウカム・ホール(Holkham Hall)のような、家の名称にあらわれています。

上は1840年ごろのコートヒール・ハウスのホール(16世紀初頭)。晩餐会の準備を描いている。左はケンブリッジ大学セント・ジョンズ・コレッジのホール。

ホールのいわば上手にあたるハイ・テーブル(high table 壇上の食卓)の背後の壁の隅には、主人の家族の私室の領域に通じるドアがあります。下手の端には、スクリーンとよばれる木製の間仕切りがあって、二つまたは三つのドアが台所《キッチン》、食器室《パントリー》、食品庫《バッテリー》など、使用人の家事領域に通じています。

スクリーンの上には、ホールを見おろす、格子のはまった小窓のある小部屋《ギャラリー》があり、初期には宿直《とのい》の間《ま》のように、護衛の家臣が控えていたといわれますが、のちには食事のあいだ楽士がBGMを奏でることもあったようで、ハットフィールド・ハウス(Hatfield House)の場合は、晩餐のデザート・コースのあと、婦人たちは化粧直しに退出して、窓の後ろの小部屋から、男どもが羽目をはずして飲みすぎないように監視していたと伝えられています。

いずれにしても、ホールは中世のような日常生活の場から、一年に一度一族が集まってクリスマスを祝うほかは、家族の日常とは関係ない公式の場に変わっていきました。

とくに十七世紀末から一七三〇年ごろにかけての英国バロック様式や英国パラディオ様式のホールは、壮麗な玄関ホールとして、正面の扉から一歩足を踏み入れた来訪者に、強烈な印象と深い感動を与える効果をねらったものでした。

階段 ステアケース(*Staircase*)

伝統的な日本の屋敷は平屋が基本で、主要な部屋は一階に配置されたためか、屋内には梯子段はあっても、神社仏閣の石段のように堂々とした階段はありませんでした。

ルネッサンス以降のヨーロッパの宮殿や大邸宅の階段には、たんに人が昇り降りするという以上に、晩餐会や舞踏会の進行にひとつのハイライトを与える機能がありました。

つぎつぎに到着する盛装した紳士淑女のペアーが、戸口に立つアシャー(usher 入り口で客の来訪を報じる案内係)に大声で名をよびあげられると、豪華な衣装や貴金属・宝石を誇らしげにきらめかせて、ホストとホステスが迎える階上の舞踏室《ボール・ルーム》に昇って行く――こうした光景は、社交のイヴェントにひとつの見せ場をつくります。

カントリー・ハウスでは、階段室はホールにつづく位置にあるのがほとんどなので、屋内に一歩足を踏み入れた客がまず壮大なホールで受けた感動を引き継いで、さらに奥に並ぶ部屋への期待感を高めるために、どの建築家も最大限の精力を注ぎました。

したがって、同じ建築家のデザインでも、どれひとつとして同じものはなく、それぞれが個性的で魅力あるものなので、写真の選択に苦労しました。

もちろん、大きな家ですから、そんな階段が一か所だけではなく、「東の階段」「西の階段」、あるいは描かれた壁画にちなんで「地獄の階段」などとよんで区別しています。

広間 サルーン(*Saloon*)

ホールが本来の機能を失って、玄関ホール(entrance hall)に変わっていき、十八世紀には、もてなしのための主要な広間をサルーンとよぶことが多くなりました。サルーンはブレニム・パレス(Blenheim Palace)やケドルストン・ホール(Kedleston Hall)のように、玄関ホールのすぐ奥の、南庭に面した家の中央部に設けられました。

サルーンというよび名は、直接にはイタリア語の salone からきていますが、古英語の sæl はホールと同じく、宮殿や大邸宅の大広間を意味していました。

ロング・ギャラリー(*Long Gallery*)

ロング・ギャラリーは、通常二階または主要階に設けられた、幅六メートル、長さ五〇メートルもの細長い区画で、部屋と部屋

1875年、天井はローマのマッシモ宮殿、暖炉はヴェネツィアのドージェ宮殿を模して改装。サルーンと改称された。ロングリート・ハウスのロング・ギャラリー。

をつなぐ通路として機能する廊下(passage, corridor)とはちがって、一個の独立した部屋なのです。

寒くて湿った英国の冬場には、とくに婦人たちにとっては庭の散歩を楽しむことがむずかしく、運動不足とイライラがつのります。この巨大な廊下のような部屋は、そうしたストレスを解消するための、いわば屋内運動場でした。

ここはまた、エリザベス朝の淑女、紳士たちが、豪華な衣装と高価な宝石や装身具を競い合う社交の場でもありました。当時は男女を問わず身に着けるものに英国史上もっとも贅を尽くした時代で、長いコースを悠然とパレードすることで、みずからの存在を顕示したのです。ロング・ギャラリーは、あたかもファッション・ショーの舞台のようだったでしょう。

エリザベス朝からジェイムズ王朝初期にかけてつくられたロング・ギャラリーには、鏡板張りの壁、漆喰の天井、少なくとも片方の長い壁面の何か所かに大きな窓、しばしば、床から天井までの大きな張り出し窓《ベイ・ウィンドウ》がありました。

エリザベス朝期以降に建てられたカントリー・ハウスは、十八世紀末に至るまで、ほとんど例外なくロング・ギャラリーを設けていますが、用途は時代とともに変化していきます。

エリザベス朝期のロングリート・ハウス(Longlete House)や、それにつづくジェイムズ王朝初期のハットフィールド・ハウスのロング・ギャラリーは、基本の造りはエリザベス朝期のものと変わりありません。しかし、十七世紀末にイタリア風バロック様式が流行した時期には、内装がヴェネツィア様式に改装され、家族がゆったりとくつろげる居間と応接間を兼ねた空間となっています。

十七世紀末から、貴族や富裕階級の子弟たちの大陸への遊学「グランド・ツアー(Grand Tour)」がさかんになると、多くの絵画、彫刻の名品が土産として英国に持ち帰られ、ロング・ギャラリーは、それらの美術品を陳列するギャラリーになりました。

書斎 ライブラリー(*Library*)

十八世紀の後半は、「理性の時代」(the Age of Reason)とよばれ、新プラトン派哲学の復興とともに、それまでどちらかといえば、原野に獲物を追って馬を駆るような野性的な男らしさに価値をおいた英国紳士たちも、知的なものの追求も大切な素養と考えるようになっていきました。その傾向が建築のなかにもあらわれて、十八世紀半ば以降に建てられたカントリー・ハウスには、例外なくすべての壁面を書架で埋めつくしたライブラリーが設けられるようになりました。

しかし、それ以前の建物にはライブラリーがなかったので、多くの場合、既存の部屋を改装しました。

エリザベス朝時代にはパーティーなどイヴェント用の空間としてもっとも重要だったロング・ギャラリーが、広い壁面を書架に利用してライブラリーに変身したデヴォンシャー公爵邸チャツワース(Chatsworth)は、その代表的な例です。これは二万冊にものぼる蔵書の一部をディスプレイする効果的な工夫でした。

この家の始祖で、エリザベス朝には女王に次ぐセカンド・レイディーといわれたシュルーズベリ伯爵夫人エリザベス・タルボット(Elizabeth Talbot, the Countess of Richmond 1527～1608)は、生涯建築道楽に出費を惜しみませんでしたが、彼女の蔵書はたった六冊だったといわれています。

十八世紀にはライブラリーがその家の富と知恵の広告塔で、ときには中身のない背表紙だけの書架があったり、書架の一部が蝶番《ちょうつがい》で開く隠し扉になっている例もあります。

しかし、ライブラリーはただ四角四面に学問・研究をおこなう部屋ではなく、書物が醸しだす落ちついた雰囲気で家族がくつろぐ団欒の居間としての機能を、今ももちつづけています。

ハーウッド・ハウスの書架用脚立。チプンデイルのデザインで、たたむとチェストのように見える。

ホウカム・ホールの書架。本の丈が書棚の高さに合わないので、見せかけの扉の内側に横にして収納した。

応接間 ドローイング・ルーム (*Drawing Room*)

ドローイング・ルームと聞くと「応接間」という日本語が浮かび、来客を通す玄関の脇の洋間を思うのではないでしょうか。

英国では、少々おもむきが異なり、元々のウィズドローイング・ルーム(withdrawing room 引き下がる部屋)が短くなったもので、一八三〇年代以降、人びとがくつろいですごせるいわば居間(living room)のような部屋を、一般に「ドローイング・ルーム」とよぶようになりました。

エリザベス朝以来、ホールやサルーン、一般にステイト・ルーム(stateroom)とよばれる改まったよそゆきの広間や大食堂での晩餐会から退出して、ほっとひと息入れる、小さいけれど居心地のよい部屋をウィズドローイング・ルームとよんでいました。

食堂 ダイニング・ルーム (*Dining Room*)

『イギリスはおいしい』という逆説的な題の本が大ヒットしたのは、もちろん興味深い素材を巧妙な筆で処理したおもしろさによるのですが、いっぽうで英国料理はまずいという悪評がいかに確固たるものであるかをあらわしています。

1907年ごろのクリブデンの別棟のテラスのティー。召使いたちが正装して給仕にあたっている。

たしかに庶民は、何世紀にもわたって親から子に伝えられた料理を忠実に受け継ぎ、進化発展には消極的であったために、フランスやイタリアの料理にくらべて、レシピの貧弱さが際立ったのだと思われます。

いっぽう、十六世紀の末から急速に高まったグランド・ツアー熱で、上流階級の子弟たちはフランス料理の味を覚えて帰ってきたでしょうし、現代でも、外国に行く機会の多い、インテリたちの家の料理はバラエティーに富み、味もけっこういい線をいっているといわれます。

にもかかわらず、英国の貴族・紳士たちのあいだには、食道楽、ことに大食を卑しむ傾向があったように思われます。英国紳士の典型的なイメージは、やや痩せ形の長身で、苦みばしった中年の好男子といったところで、シェイクスピアの『ヘンリー四世』や『ウィンザーの陽気な女房たち』に登場するビア樽形のフォールスターフはいつもこけにされる役であり、ヘンリー八世や十九世紀の摂政皇太子《プリンス・リージェント》のちのジョージ四世の堂々たる体躯は、好色と大食の報いと見られています。

しかし、英国の一定以上の層では、食事という一連の過程が、たんに生命の維持とか、食欲をみたすための行為ではなく、神聖化されているといってよいほど重要視されています。日本の茶道とか、カトリックのミサのように、厳格に規定された一連の所作をおこなうことに意義があるのです。その儀式の会場は、カントリー・ハウスという建物の性質上、侘び茶の席ではなくて、太閤好みの金貼りの茶室であり、ゴシックやバロックの大聖堂風ということになります。

食卓も銀のキャンドルスタンドや容器類、カトラリー(cutlery ナイフ、フォークの類)、特注のヨーロッパや東洋の磁器の食器類が、そろえられています。

もちろん、最盛期のカントリー・ハウスでも、毎日毎晩こういった大げさな宴会をやっていたわけではなく、日ごろの家族の食事は、もっと小ぶりの、かといって決して粗末ではないダイニング・ルームで、執事《バトラー》(butler)を頭として何人もの男の召使い《フットマン》(footman)が給仕をつとめました。

寝室 ベッドルーム(*Bedchamber*)

寝室の歴史は、実はそれほど古くないのです。

中世には、マナー・ハウスのような大きな家でも、一日二十四時間、家族も使用人も、食べる、くつろぐ、仕事をする、眠るといった生活のすべてが、ホールというひとつの空間でおこなわれました。

主人と家族の主要なメンバーだけが、今日でもチューダー朝、ジェイムズ王朝期創建の館でよく見かける、四隅の柱と天蓋《てんがい》があるオーク製の巨大なベッドに寝て、使用人たちは藁で編んだ敷物を床にひろげて寝たのだそうです。

当時は吊り天井ではなくて、多くは茅葺の屋根の裏側が見えていました。また、まだ暖炉はほとんどもちいられておらず、床も張られていない土間の中央で、薪《たきぎ》を燃やして暖をとっていました。煙は梁《はり》を伝って屋根の中央に設けた排気口から屋外に出るのですが、屋根の内側にたまった煤《すす》は、埃とともに音もなく降ってきます。そこで部屋に天井を張るかわりに、ベッドに天井をつけたわけです。

そのころはまだ窓にカーテンをかける習慣はなかったそうですが、プライヴァシーの保持と、保温、遮音のために、ベッドの天蓋《キャノピー》から、厚地の毛織カーテンを下げたということです。

しかし驚いたことに、この長大重厚なベッドは分解して移動が可能で、実際に長期間家を離れてよそに滞在する際に、衣装や道具類といっしょに、ベッドも運んでいったということです。

近世に入ると、急速に「個人」という意識

1731年ごろオーストリア皇帝フランツ1世が滞在した。東洋風の文様の豪華な刺繡が特徴である。天井はケントの作。ハウトン・ホール。

が高まり、それが可能な人びとは、中世の共同生活を脱して、自分だけの空間を求めるようになり、ホールの奥に家族だけでくつろぐ空間や個室が設けられるようになります。

　また、家族の寝室だけでなく、賓客がくつろぐための豪華なステイト・ドローイング・ルーム(state drawing room)やステイト・ベッドルーム(state bedroom)が設けられました。ベッドも初期のオーク製のがっしりしたものから、しだいに瀟洒なものになっていきます。天蓋は埃よけの必要がなくなったあともつけられ、十九世紀まで形骸化した装飾として残ります。

浴室 バスルーム(*Bathroom*)

狭くて山が多い日本の川は、速い流れで海に注ぎ込みますから、古来日本人は流水でものを洗いました。いっぽう、ほぼ平坦で海抜の低いイングランドは、川がどちらに向かって流れているかがわからないことも多く、われわれの目には水溜まりのように映ります。そのせいか、英国人は洗い流すことよりも、溜まり水のなかで洗ったあと、拭き取ることのほうに重点をおいているように思われます。

　入浴の習慣もずいぶんちがって、英国流は、浴槽にうっすらと一〇センチメートル足らずの湯を入れて、浴槽内でそそくさと体を洗い、お湯を入れ替えることもしないで、大型で厚地のバスタオルで丹念に拭き取ります。

　栓をひねって湯と水を注ぎ込む現代のような形式のバスタブ(当初はヒップ・バスとよんだ)がカントリー・ハウスに登場するのは、十九世紀の末か二十世紀の初めのことで、それまではベッドルームの暖炉の前で、シェーヴィング・カップの親玉みたいなほうろうの容器にお湯を入れて、腰湯を使っていました。中流の家庭にまでバスルームが普及するのは、第一次世界大戦後の一九二〇年代に入ってからで、多くは三〇年代からのことです。

この部屋には、ヴィクトリア女王が少女時代にたびたび泊まった。ウーバン・アビー。

手洗い プリヴィー(*Privy*)

もうひとつの「王様も一人で行くところ」は、日本でも「はばかり」とよんだように、あからさまな表現を控えて、「人目をさける、内密な」という意味の、privy という言葉をあてたのでしょう。

　ヴェルサイユ宮殿にはほとんどプリヴィーがなかったという話を聞きます。しかし、そのころは「用を足す」ときには寝室や私室に戻り、コモード(commode)とよぶベッドサイド用小箪笥に隠されたチェインバー・ポット(chamber pot)というよび名の「オマル」、またはよび名は同じコモードですが、一見チェストのように見えて、上蓋を上げると、腰掛け形の便器になるものを使用しました。もちろん使用後は使用人がそっともち去って、処分するのです。

　日本には古くから「かわや(厠)」がありました。これは、川の上に足場を設けて用を足す、いわば水洗式の元祖ですが、集団生活がおこなわれるため衛生状態には細心の注意を払っていた中世の修道院は、階上にガードローブ(garderobe 更衣室の意)とよぶ腰掛け形の便所を設け、地下に引いた水脈に

リトル・モートン・ホールの中世のガードローブ。

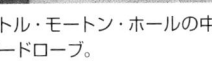

直接落とし込む方式をとっていました。

英国では「トイレット」(toilet) という語はあまり上品ではなく、無難なのは「ルー」(loo) ですが、今のようなルーが一般的になったのは、バスルームと同じころです。

撞球室ビリアード・ルーム (*Billiard Room*)

意外に思われるでしょうが、カントリー・ハウスをめぐっていると、ほとんどの家に撞球室があることに気づきます。家の創建がいつであろうと、撞球室が設けられたのは十九世紀のことで、これも意外なことですが、男たちが葉巻を楽しんだ、当時の風習と密接な関係があるのだそうです。

十七世紀末から十八世紀後半にかけて、上流階級のあいだでは喫煙がさかんにおこなわれ、カントリー・ハウスにもスモーキング・パーラーとかスモーキング・ルームとよばれる部屋がつくられたそうですが、どういうわけか十八世紀末には、喫煙の風習はこの社会からは消えてしまいました。

それが復活したのは、一八二〇年代の終わりごろのことで、ジョージ王朝以来ドイツ系だった王室のプリンスたち、とくにジョージ四世と弟のサセックス公爵やヴィクトリア女王の夫君アルバート公が、ドイツ人の喫煙の習慣をもちこんだのだといわれています。

友人たちを夫妻で招いての、泊まりがけの、いわゆる「ハウス・パーティー」で、夜、婦人たちが床についてから、男たちはスモーキング・ジャケットという服を着込んで、葉巻とアルコール類の用意されたスモーキング・ルームに集まり、この部屋に隣接する撞球室でゲームを楽しみました。

そういうわけで、ビリアードは男の遊技になり、撞球室は男の領域となり、当然の結果として、ここでの会話は婦人たちが同席する場では交わされない種類のものとなったようです。

厨房キッチン (*Kitchen*)

執事《バトラー》、女中頭《ハウスキーパー》(housekeeper) と並ぶ「階下」の三巨頭の一人であるクック (cook) がとりしきる領域です。クックの給料が、しばしば執事やハウスキーパーより高額であったことは、その役割がいかに重視されていたかを物語っています。

厨房には他の職種の使用人はみだりに立ち入ることができませんでした。給仕をつとめる男の召使い《フットマン》たちも、ドアから中へは入らず、専用の小窓から料理を受け取ることが多かったようです。

家中の食事を一手に引き受け、時には百人を超えるような来客の料理をまかなうのですから、大勢が立ち働けるようにたいへんに広く、しかもたくさんの熱源を使用しますから、熱がこもらないように、天井も高くとってあります。

クックが骨付き肉のローストの用意をしている。1840年ごろ。

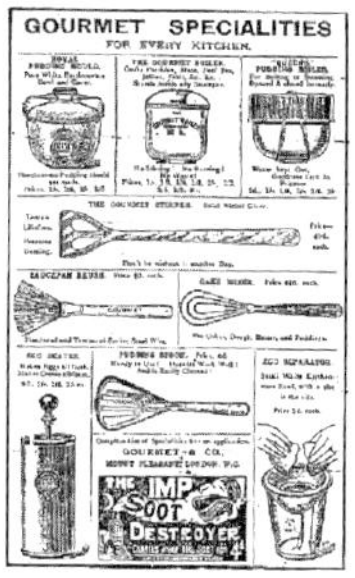

調理用器具の売り込み用パンフレット。

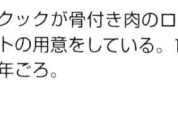

肉の切り分け方の実習。1800年ごろ。

機器備品もたえず最新のものを取り入れる努力をしていたようで、十七世紀以来の専門業者たちの売り込み用のパンフレットが、執事が記録した詳細な出納簿とともに多数残っています。

洗濯室ローンドリ(*Laundry*)

英語ではローンドリといいますが、毎日大量の衣類やリネン類が出るため、街のランドリーはとてもかなわないほど広く、特殊な搾り機や各種のアイロンを完備していて、常時数人のローンドリ・メイドが忙しく立ち働いていました。湿度が高く、重労働なので、ここでの仕事はとても辛いものだったようです。

厩舎ステイブル(*Stable*)

自動車が実用化されるまで、馬と馬車は陸上の交通・運輸のもっとも重要な手段でした。また、馬は貴族的なスポーツの筆頭にあげられるハンティングに欠かせないものでしたから、カントリー・ハウスはかならず、馬を一頭ずつ入れる仕切(loose box)や、馬車用の車庫や厩舎を備えています。

これらは、馬小屋とよぶような粗末なものではなく、石造りやレンガ建ての堂々たる建築です。館の施主たちは母屋と同じ建築家、あるいは別の時代の代表的な建築家に、母屋に劣らぬ熱意をもって設計を依頼しています。

中庭は水はけに配慮して石や玉石で舗装され、中央には井戸が設けられ、中庭を囲む建物の二階は、ここで働く人たちの宿舎になっています。

ハウトン・ホールのステイブル。

ビーヴァー・カースルの28樽を納めたビヤ・セラー。この階下には醸造室があり、19世紀には1か月に35樽を消費した。

ダイアナ妃とオールソープ

オールソープのシッティング・ルーム。図書館を兼ねた典型的な団欒の部屋。奥に見えるのは書庫。

「お父さまを庭師かと思いました」

一九九八年九月十四日、一世紀以上の伝統をもち、毎年七月半ばから約二か月、日曜を除く毎晩、ロンドンのロイアル・アルバート・ホールを会場に、さまざまなプログラムでおこなわれるコンサート「プロムズ」の最終日の大詰めのことでした。国歌「ゴッド・セイブ・ザ・クウィーン」のひとつ前に、定番「ジェルーサレム」(Jerusalem)を会場の全員で斉唱したとき、ほぼ一年前、ダイアナ元皇太子妃(Diana, the Princess of Wales)の葬儀で、故人愛唱の賛美歌として、この歌がうたわれたことを思い出しました。

映画『炎のランナー』のバックグラウンド・ミュージックの原題 Chariot of Fire は、前記賛美歌の歌詞の一節です。

第二の国歌ともいわれる「ジェルーサレム」は、詩人で個性的なイラストレイターとして英国文化史に大きな足跡を残したウィリアム・ブレイク(William Blake 1757～1827)の「イングランドという緑の理想の大地に聖地エルサレムを建設しよう」という有名な詩をもとに、一九一六年作曲家ヒューバート・パリーが、婦人参政権運動の大会のために作曲したものです。英国の伝統と階級制度のしがらみから、「女」としての自己の解放を求めて闘ったダイアナに、いかにもふさわしい歌ではないでしょうか。

チャールズ皇太子(the Prince of Wales)夫妻ご訪日のおりのレセプションで、ご紹介を受けたとき、「私はオールソープ(Althorp Park)にうかがったとき、中庭でお父さまにお会いしたのですが、熊手を手にゴム長姿だったので、最初、庭師《ガードナー》かと思いました」と申し上げると、緊張ぎみでやや疲れが見えた頬に一瞬赤みがさし、表情がなごんで、ほっとしたような笑い声がもれ「その話、父はきっと喜ぶわ」と言われたのを覚えています。ダイアナさんの実父、先代のスペンサー伯爵は、そんなふうに、「どこにでもいるそこらのおじさん」という印象でした。

どの家族にも、いろいろな問題や悩みがあり、貴族階級の問題は私の想像をはるかに超えるものでしょうが、過去四半世紀に、ダイアナさんの実家スペンサー家ほど、週刊誌的な話題にあふれた家があるのでしょうか。

先代のスペンサー伯爵つまりダイアナさんの実父が亡くなったとき、オールソープにあったはずの文化的財宝が、あまりにも多く失われているのに、周囲の人は愕然と

シッティング・ルームの一隅。テーブルの上にはダイアナ妃の写真がおかれている。

サルーン。16世紀の中庭を18世紀に改造した階段ホール。ヴァン・ダイクや英国の代表的な肖像画家による家族の肖像が見下ろす。

したようです。ダイアナさんの義母にあたるレインは、夫の死後二十四時間で家を去り、直後再再婚したと伝えられています。

ダイアナさん安らかに

基本的にオールソープ自体、十六世紀エリザベス朝時代の中庭形式の建物を、十八世紀末ケイパビリティ・ブラウンの建築家としての弟子ヘンリー・ホランドが新古典様式に改築し、十九世紀にも改装の手が加えられています。

この家の圧巻は、本来ロング・ギャラリーだったピクチャー・ギャラリーやサルーンとよばれる階段ホールを飾るヴァン・ダイクや、十八世紀英国の肖像画家による家族の肖像です。また、ライブラリーと隣り合うルーベンス・ルームは、その名のとおり、ルーベンスの作品で飾られていました。

日本人にとって、もっとも大きな興味であった秀逸な伊万里のコレクションは、今日どうなっているのでしょうか。

ダイアナさんの柩は、オールソープの館の手前右手「ラウンド・オーヴァル」という池のなかの島に納められています。元厩舎は彼女の記念品等を展示するミュージアムに改装されました。

2 魅惑のイングリッシュ・ガーデン

コーダー城の南側のフラワー・ガーデン。

日本の庭とどこがちがう

日本の庭との基本的なちがいは、英国の庭は草花が主役であることでしょう。日本人が草花を愛《め》でないということではないのですが、花という言葉の受けとめ方にちがいがあるようです。

日本では「花」といえば、まず「桜」を連想する人が多いのではないでしょうか。いずれも木に咲く花ですが、春は梅ではじまり、桃の節句、そして真打ちに桜の登場となります。

英国に春の訪れを告げるのは、三月末の西風《ゼファー》(zephyr)とともにいっせいに咲き出すらっぱ水仙《ダフォディル》(daffodil)です。もちろんそれにつづいて登場するのは、国花のバラです。

いっぽう、日本の庭は、松、梅、モミジといった樹木、ツツジのような低木、そして苔と石。少なくとも英国の庭に苔を使う発想はないでしょう。

英国人は緑の指をもつ

"to have green fingers"というのは「植物を育てるのが得意だ」という意味の慣用的な表現です。

得意かどうかは別として、英国ではたい

メイズ（迷路）。トラクェア。

をするといってい

人が多いからだろ
れません。たしか
のプライヴァシー
ー」と発音しますが）を
きることなら「フ
く、「ハウス」に住む
な大都会では、若
に住もうと思えば、
宅もやむをえないこ
を植える地面がなく
・ボックスとよばれ
る土を入れた箱、いわば植木鉢をおいて、草花を育てると聞いていましたが、日本とくらべて壁が厚いフラットでは、ガラス戸の内側の窓敷居（window sill）に、植木鉢をおく十分なスペースがあるのです。

庭の歴史をたどれば

庭はひとつの文化です。古代ローマ皇帝は、今日のティヴォリの庭園からでも容易に想像できる、完成された庭を楽しんでいたのでしょう。戦乱や窮乏で人びとの心に余裕のないところや時代には文化は育ちません。

英国の場合、防備の厚い壁に囲まれて外側にはほとんど窓をもたなかった城が、世俗の世界の代表的な建築であった中世には、今日的な観念での庭は考えにくかったでしょう。

ようやく中世が遠く感じられはじめた十六世紀後半になってはじめて、きらきらと輝くガラス窓の外観の新奇な美しさと、室内に流れ込む豊富な外光の快さに驚喜して、窓をより大きくとることを競いあったのです。カントリー・ハウスの初期の創建者たちは、屋内に居ながらにして眺められる屋敷まわりの美化にも、努力を払うようになります。

彼らが手本にしたのは、ルネッサンス期のイタリア庭園でした。色とりどりの草花を配分した花壇や、さまざまな形に刈り込んだ低木を幾何学模様に配置した、この様式の例はロンドンのテムズ川上流の離宮ハムプトン・コート(Hampton Court Palace)、ブレニム・パレス、バーリー・ハウス(Burghley House)などで見ることができます。

十七世紀末、名誉革命で王座を追われたジェイムズ二世に代わって、その娘メアリーと夫ウィリアムがともに君主として迎えられたとき、オランダからさまざまな文化や技術が英国に移入されました。園芸もそ

ブレニム・パレス西側のフレンチ・ウォーター・ガーデン。

コーダー城の整形庭園。

メラスティンの南面と庭。

キンロス・ハウスの庭とリーヴァン湖。

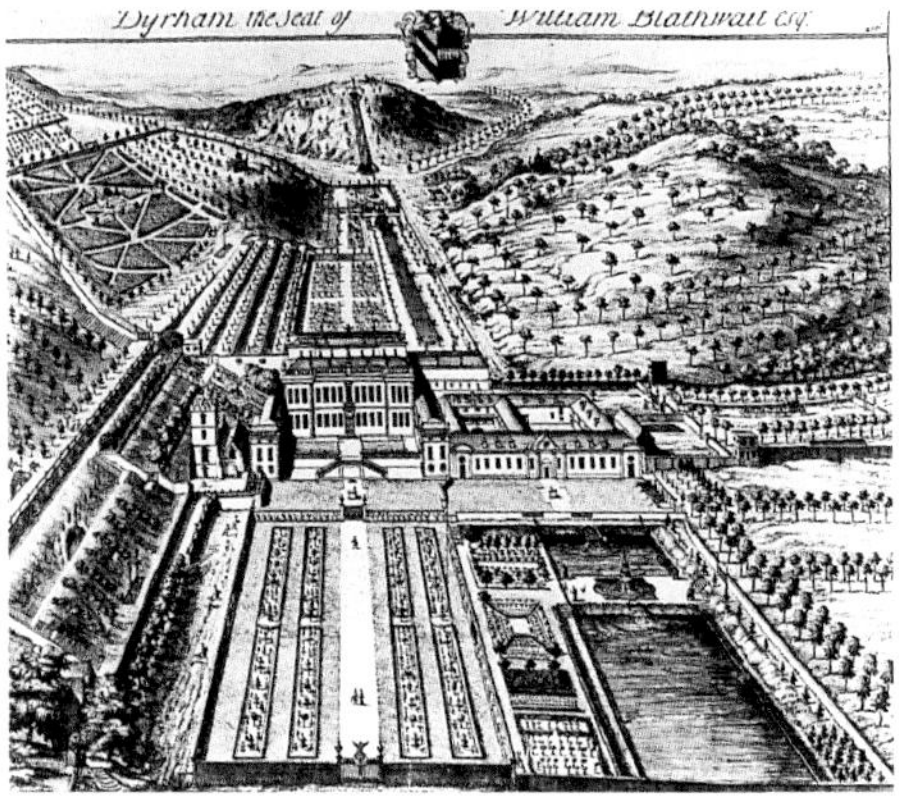

ディラム・パークの庭のバロック・ガーデンのプラン。1712年。

1745年ごろのケント州ビーチバラ・ホールの庭。

のひとつです。一九九〇年代初めごろ、『英国式庭園殺人事件』(原題は The Draught-man's Contract 画家の契約)という、ピーター・グリーナウェイ監督の時代物推理映画が公開されました。邦題は「英国式庭園」の殺人事件なのか、「英国式殺人」が庭園で起こったのか曖昧《あいまい》ですが、ロケはケント州にあるグルームブリッジ・プレイス(Groombridge Place)という邸宅の庭でおこなわれました。

ここはまさに正真正銘のウィリアム・アンド・メアリー時代のオランダ式整形庭園です。

本当のイングリッシュ・ガーデンは

現在日本でブームのイングリッシュ・ガーデンやガーデニングは、英国で一般的におこなわれている、いわばふつうの庭のことです。しかし、本来「イングリッシュ・ガーデン」というのは、英国のカントリー・ハウスの広大な敷地をいっぱいに使って、いかにも自然に見える一八〇度の景観を人工的に創造した風景庭園を、ヨーロッパ諸国の人工的な整形庭園と区別してよんだものなのです。

そもそもカントリー・ハウスを建てるような広大な領地を手に入れるとなると、いきおい辺鄙《へんぴ》で、しかも地味《ちみ》のよくない荒れ地や湿地帯を囲い込む《エンクロージャー》(enclosure)ことになります。イングランド北部ヨークシャーや、スコットランドと境を接する最北ノーサンバーランド(Northumberland)にカントリー・ハウスが多いのも、そういった理由によるのです。

一片の草を取り合う二匹のウサギ

カントリー・ハウスの代表的存在で、一八七二年(明治五年)には岩倉視察団も訪れている、ダービシャーのチャツワースの広大な敷地は、十六世紀後半のエリザベス朝時代に、現当主デヴォンシャー公爵アンドルー・キャヴェンディッシュ(Andrew Cavendish)の先祖ウィリアム・キャヴェンディッシュが、「ハードウィックのベス」として歴史に名を残す女傑であった妻エリザベスとともに買い集めた湿地帯で、雨が降れば、「たどり着くことも困難だった」と伝えられています。「ベス」は生涯に四度結婚し、そのたびごとに富を増し、終生チャツワースを英国一の大邸宅にすることに執心しました。最後の夫の遺産によって「究極のエリザベス朝建築」といわれる外壁面のほとんどがガラス窓のハードウィック・ホール(Hardwick Hall)を建てま

ビーチバラ・ホールのロトンダ（円筒形の建物の意）。18世紀中ごろ。

クロード・ロランの『デーロス島のアイネイアス』。

ニコラ・プッサンの『古代ローマの田園風景』。

イーストン・ネストンの庭のテムプル。

した。

また、北海に面するノフォークのウェルズ・ネクスト・ザ・シーにある、英国パラディオ様式のホウカム・ホールは、当主レスター伯エドワード・クックの先祖が、この土地を手に入れた十七世紀には、二匹のウサギが一片の草の葉（a blade of grass）を取り合うほどの、不毛の荒れ地であったと、旅人が日記に記しています。

古代の理想郷アルカディア

母屋から見える一八〇度の視界をカバーする風景をあらたにつくりあげた十八世紀のランドスケープ・デザイナーたちは、どんなイメージを描いて、この途方もなく大

ホウカム・ホール南庭のパヴィリオン。

規模な工事に着手したのでしょうか。

それは、十七世紀にヨーロッパ絵画に風景画というジャンルを確立した、クロード・ロラン(Claude Lorraine 1600〜82)とニコラ・プッサン(Nicolas Poussin 1594〜1665)の描く古代神話の世界でした。彼らの作品の多くが、十六世紀末から十八世紀にかけて、ますますさかんになった貴族の子弟たちのグランド・ツアーの土産として英国にもち帰られました。遠景に山や森、中景に水、近景には木立や古代神殿と、古代の衣装をまとったヒーローやヒロインあるいは牧人を配した構図が、人物を除いて、そのまま現実の庭の風景に再現されています。

庭園のなかにかならずといっていいほど配置されている、テムプル(temple)とよぶ古代神殿のコピーと、グロットー(grotto)とよぶ人工の洞窟は、風景を構成する大切な道具です。

ローマ帝国の支配を受けたヨーロッパ大陸やアフリカの一部には、かならずといっていいほど古代神殿の廃墟や水道橋が見られますが、紀元前五四年シーザーに征服されてから約四世紀半、ローマの支配を受けたブリテン島にその種の遺跡が皆無であることも、古代文化に対する英国人の憧れをいっそう助長したのではないでしょうか。十八世紀末から十九世紀に、古代神殿や中世の廃墟を模したフォリー（folly）とよばれる構築物が庭の一隅につくられるようになったのも、そのあらわれです。

館の向かい側の丘の斜面をおおう森や林も天然のものではなく、ヘザー（heather）という灌木だけが地表にへばりついていた土地に、苦労の末植林したものです。

また、館が立つ台地と向かいの丘のあいだの低地を流れていた小川をせきとめて、レイク（lake）とよぶ大きな池をつくるのにも、莫大な費用を惜しみませんでした。

地霊の声を聞く

英国式庭園のもっとも初期のものは、ジョン・ヴァンブルー（Sir John Vanbrugh 1664〜1726）が、カースル・ハワード（Castle Howard）の周囲に、パラディオ様式の「四風亭」を配した大規模な風景庭園でした。

バーリントン伯とのコンビで英国パラディオ様式を確立し、内装、家具のデザイナーとして有名なウィリアム・ケント（William Kent 1684〜1748）も、とくにラウシャム・ハウス（Rousham House,Oxfordshire）の庭の設計で、英国式庭園の発展に大きな足跡を残しました。

しかしなんといっても、この様式を確立した最高の造園家は、英国全土の主だったカントリー・ハウスの庭を英国式庭園に改造したケイパビリティ・ブラウン（Lancelot "Capability"Brown 1716〜83）です。本名の「ランスロット」よりも親しまれているあだ名の「ケイパビリティ」の由来については、諸説ありますが、依頼人に口癖のように「貴方のご領地には十分な可能性（capability）があります」と言ったというのもそのひとつです。代表作だけでも、ブレニム・パレス、ボウッド・ハウス（Bowood House）、チャツワース、ハーウッド・ハウス（Harewood House）、ロングリート・ハウス、サイアン・ハウス（Syon House）など、あげればきりがないほどです。

猫の額ほどの土地に館を建てる場合は可能性はかぎられるでしょうが、見渡すかぎりの広大な土地を使って、自由に設計をしてみろといわれたら、途方に暮れるのがふ

チャツワースのロックガーデン。

サー・ウォルター・スコットの愛したアボッツフォードの庭。

ケイパビリティ・ブラウン。

ボウッド・ハウスの人工の滝。

チャツワースの1692年製の銅と鉛の「柳の噴水」。葉の先から水を吹く。

イーストン・ネストンの庭のトーピアリ。

つうではないでしょうか。

建築家や造園家の技量の優劣は、位置の選択によって決まるといわれます。とりわけ十八世紀の建築家、造園家は、「ゲニウス・ロキ (genius loci ラテン語で土地の霊の意）に訊《き》く」ことを重視しました。つまり土地の性質にいちばんあったデザインをするということで、ケイパビリティ・ブラウンは、この面でとくにすぐれた才能を発揮したのでしょう。

英国流園芸術

イチイやツゲを鳥や動物の形に刈り込むトーピアリ (topiary)、幾何学模様に花壇を配置したパーテア (parterre)、多年生の草花で花壇のふちどりをするハーベイシャス・ボーダー (herbaceous border) など。

ウォールド・ガーデン (***Walled Garden***)

二重積みのレンガの高い壁に囲まれた庭のことで、冷たい風を防ぐ日だまり効果で、植物の生育を助けます。また、レンガは保温性が高く、昼間吸収した熱を夜間少しずつ放出してくれるので、霜の害を防ぐ効果もあるのだそうです。

南向きの壁面に格子状の木枠を組んで、ツルバラなどを這わせているのをよく見かけます。

また、このタイプの庭は家の裏の台所近

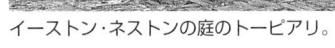

ボウッド・ハウスのウォールド・ハーブ・ガーデン。

チズィックのオレンジ・ガーデン。

オスタリー・パークのロバート・アダムの温室。

くに設けられ、自家製の野菜やハーブを供給するキッチン・ガーデンになっていることも多いのです。

オランジェリー（*Orangery*）

十七世紀末から十八世紀には、庭の装飾としての効果も兼ねて、たいていは白塗りで大きなガラス窓の、瀟洒な新古典様式の建物オランジェリーが流行します。名前からわかるように、自家製のオレンジを栽培するためのものです。英国など緯度の高い国では、屋外でオレンジやパイナップルなど南国産の果物を育てることは不可能です。ないものはほしくなるのが人の常、それを手に入れるのが特権階級にのみ許される贅沢というものなのでしょう。

ホット・ハウス（*Hot House*）

温室にはホット・ハウス、グラス・ハウス（glass house）、コンサーヴァトリー（conservatory）など、いろいろなよび方がありますが、十九世紀になると、産業革命の成果として、鋳鉄とガラスを使った工法がいちじるしく発達して、オランジェリーのころより大きな板ガラスや曲面ガラスを、木製のものより細くて丈夫な枠に入れることができるようになりました。その結果、レンガの壁を背に、太陽の運行軌道にあわせた半球ドームの天井も登場します。

また、炉で熱した空気をレンガの壁のな

サイアン・ハウスのグレイト・コンサーヴァトリー。

かに、のちには床下に通す暖房も考案されました。

一八一五年にハイド・パークの大博覧会のために、鉄とガラスの大パヴィリオン、クリスタル・パレスを設計したジョーゼフ・パクストン(Joseph Paxton 1801～65)は、チャツワースの庭園主任を務めていた一八三〇年代に、さまざまな温室を手がけています。

ヴィクトリア朝時代の温室の代表は、ロンドンのキュー・ガーデンのパーム・ハウスですが、これほどの規模ではないにしても、この時代、多くのカントリー・ハウスにガラスのドームを冠した温室がつくられました。キュー・ガーデンから遠くないサイアン・ハウスのコンサーヴァトリーは、温室であることを超えた、鉄とガラスの堂々たる新古典建築です。

アイス・ハウス(*Ice House*)

北国で南国の果物を楽しみ、熱帯植物を観賞することが許されるならば、夏にアイスクリームを食べる贅沢も許されていいでしょう。

カントリー・ハウスの庭の一隅にはアイス・ハウス(氷室)があって、厳冬期に凍ったレイク(池)の氷を、その小屋(時には城の塔と見紛うばかりの立派な石造りの建物)の地下に貯蔵して、夏に冷やしたシャンパンやアイスクリームを楽しんだのです。

英国でいちばん有名なハーフ・ティンバー　リトル・モートン・ホール

リトル・モートン・ホール正面。

ロマンチックな木造建築

縦、横、斜めに組み合わされた黒い線と、白い壁が織りなす寄せ木細工のようなロマンチックな木造建築は、英語でハーフ・ティンバード、ティンバー・フレームドあるいは見かけどおりブラック・アンド・ホワイトとよばれています。ハーフ・ティンバーというのは丸太(timber)を半分に割って軸組みをすることに由来するといわれています。

イングランドでも森林に恵まれ、材木の入手が容易な南東部、中西部、北部に多く見られます。この種の工法は十三世紀にははじまったといわれていますが、現存するものは主に十六世紀後半のエリザベス朝から十九世紀半ばに建てられたものです。

木の軸組みのあいだに漆喰、レンガ、石あるいはウォトル・アンド・ドーブ(wattle and daub)という、木舞《こまい》のような編み枝を漆喰で塗りこめて、壁をつくります。エリザベス朝末期に建てられ、シェイクスピアの数々の名作が初演されたグロウブ座の忠実な復元工事がテムズ川南岸の元の敷地で完成しましたが、ここで採用された漆喰に牛の毛を混ぜる工法も、当時は一般にもちいられていたということです。

リトル・モートンのホール。

彩色パネルの発見

リトル・モートン・ホール(Little Moreton Hall)は一四五〇年ごろから一六〇〇年ごろにかけて、コの字形のプランの北東部分からつぎつぎに建て増しされましたが、その後は内装に手が加えられただけです。北棟の中央の大広間が家の中心ですが、同じく最古の部分にある客間《パーラー》の壁を、修理のために剥がしたところ、交互に赤と緑で幾何学的文様を描いた羽目板があらわれました。

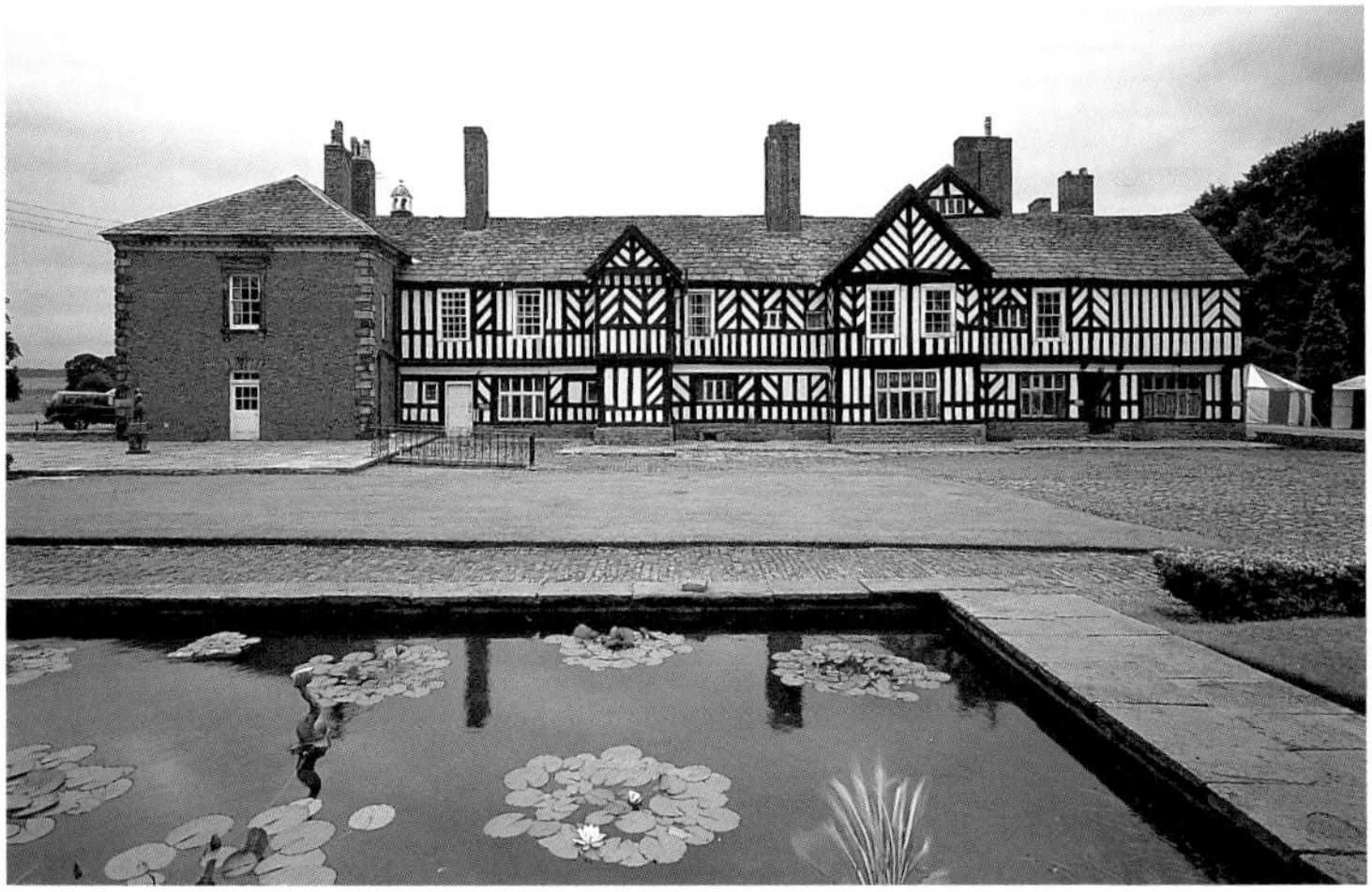

アドリントン・ホール。チェシャー地方の典型的な「ブラック＆ホワイト」建築。

この種の彩色パネルが流行したのは一五七〇年ごろからほぼ四〇年間にすぎず、その後は鏡板張りがおこなわれました。最近でもこの時代に建てられた家の鏡板や漆喰の壁面の下から、彩色パネルが発見されることがめずらしくありません。

南棟の三階はロング・ギャラリーとよばれる幅広の長い廊下で、運動場兼社交場として、エリザベス朝、ジェイムズ王朝の邸宅には不可欠な空間でした。

家の周囲にめぐらされた堀《モート》(moat)は中世の城郭建築の名残りですが、十六世紀初めごろまでの館にはしばしば設けられていました。二階、三階にジェティー(jetty)とよばれる張り出しがあるのも、このタイプの家の特色です。

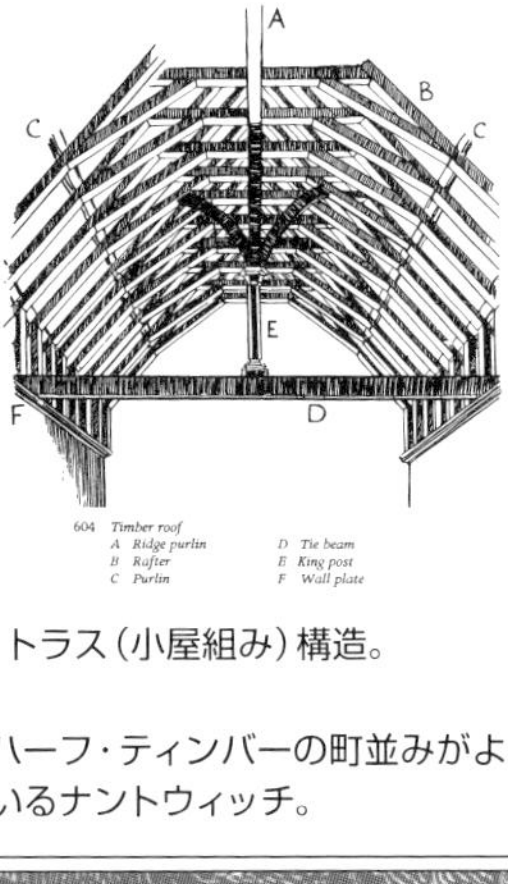

トラス(小屋組み)構造。

ハーフ・ティンバーの町並みがよく保たれているナントウィッチ。

ノステル・プライアリのステイト・ドレッシング・ルーム。

ウーバン・アビーのチャイニーズ・ルーム。

ビーヴァー・カースルのチャイニーズ・ルーム。

ブレニム・パレスの壁紙。

バーリー・ハウスの暖炉の上に並ぶ伊万里。

ノステル・プライアリの浴室の壁紙。

景徳鎮・有田の染付と色絵

カントリー・ハウスは宝物館にも似て、代々、それぞれの時代のめずらしいもの、高価なものが集められ、飾られました。内装《インテリア》にも流行があり、当主が新しいもの好きで、経済力のある家では、どんどん部屋の模様替えをしていきましたが、創建当時のままの壁紙、という家もあります。内装にあわせて飾った美術工芸品も、先祖が集めたものをそのまま残しているところもあれば、結婚や遺産相続にともなって他家から、あるいは他家へ移動することもあり、また金策のため、目ぼしいものがオークションに出されて、かつてのコレクションが面影をとどめぬ家もあります。

そのようなわけで、現在見られるものだけで、その家の美術工芸品蒐集の傾向や時期を考えるのは少し危険ともいえますが、それでも数多くのカントリー・ハウスを見て歩くと、かなりの数の東洋の磁器が買い入れられていることがわかります。

玄関ホールからいくつもつづく客間には、暖炉の上や小箪笥の上におかれた壺、皿、花瓶、鳥や人形といった小さい置物から、壁にかけられた大皿、暖炉の前におかれた沈香壺とよばれる蓋付きの壺のような形の大きいものまで、さまざまな磁器が飾られています。多くは十七世紀から十八世紀に中国の景徳鎮《けいとくちん》や日本の有田でつくられた染付《そめつけ》や色絵の磁器で、それらがマイセンやセーヴルなどヨーロッパの磁器にまじって飾られています。

セント・ジャーマンズのチャイナ・ルーム。

シノワズリの大流行

半地下にあるハウスキーパーの部屋に隣接した磁器収蔵室《チャイナ・ルーム》(china room)へ入ってみると、十八世紀の中国の窯に注文してつくらせた紋章入りの食器セットが、今は使われないまま、ヨーロッパ磁器の何十人前の食器のセットと並んで、棚に積まれているのが眼に入ります。

東洋から買い入れられたのは磁器ばかりではありませんでした。漆塗りの箪笥や衝《つい》立《たて》、ライスペーパーとよばれる中国の壁紙、象牙彫りの装飾品などで、これらを使って部屋を飾る東洋趣味――いわゆるシノワズリ(chinoiserie)が十八世紀の終わりから十九世紀の初めにかけて大流行したのです。ほとんどの家に中国の壁紙を張った、チャイニーズ・ルーム(Chinese room)とよばれる小部屋が今も残っています。

その壁紙の柄は、花鳥画、唐子遊戯図などが多く、なかには部屋の寸法を計って中国に注文を出し、模様がちゃんと合うように描かせたといわれるものもあります。

チャイニーズ・ルームでは、中国風のデザインの金色の縁取りをした鏡、中国の漆塗りの衝立、金色に塗ったヨーロッパ製の台に載せた中国や日本製の漆塗りの小箪笥などを配置し、東洋の磁器を飾りました。そして、中国風の格子をデザインに取り入れた、チャイニーズ・チプンデイルとよばれる椅子や卓を使って、把手のない磁器の小さいカップでお茶を飲むというこのような部屋は、もっぱら女性の社交のためのものでした。

(在欧伊万里研究家　田中恵子)

第2章

スコットランドの城館

1 ブレアファン城を訪ねて

ブレアファン城の南東から眺める外観。

南面の東部分。

ハーブ・ガーデン。

「みんなが知り合い」
(*Everybody Knows Everybody*)

一九九八年五月、東京銀座の和光ホールで、増田彰久氏の写真展「ザ・カントリーハウス」が催され、会場で多くの方がたから、「よくぞこれほど撮らせてもらえましたね」という、感嘆のお言葉をいただきました。

英国では夏場の観光シーズンには、多数の歴史的建造物が(最近ではバッキンガム宮殿まで)、八〇〇円から一二〇〇円ほどの入場料で一般公開されています。しかし、防犯上の理由もあり、ほとんどの建物は屋内撮影禁止となっています。私たちに特別な許可が与えられたのは、ひとえに長年の友人たちのおかげなのです。

北側の窓からガーヴァン川が流れる所領を望む。

英国人は他人に心を許すことに慎重な人びとですが、名誉と信用を重んじ「この人なら大丈夫」という見極めをつけると、その友情はこちらからひびを入れないかぎりつづくと考えてよいでしょう。また、現在でも階級意識が色濃く残っているこの国では、共通の発音で話し、共通の生活環境に暮らすほんのひと握りの上流階級は「みんなが知り合い」(Everybody knows everybody)という関係にあるようです。

私たちが幾人かの貴族階級の人たちと知り合うきっかけをつくってくれた、リチャード・スピカネル夫妻と知り合ったのは、彼らが石油会社の代表として東京に在住していたときのことでした。文化的な興味に共通点があったことから、頻繁な行き来がはじまり、急速に親しくなりました。

夫妻は、私たちがすでに、かなりの数のカントリー・ハウスを訪ねていることに好感をもち、古い家柄にまつわるいろいろなエピソードを、冗談《ジョーク》を交えて話してくれました。

リチャードも貴族の家系出身ですが、夫人のチャーミアンは第二代レスター伯爵(2nd Earl of Leicester)の孫で、ホウカム・ホールの前当主第七代伯爵エディー・クックとは、代はずれていますが、英語でいうとカズン(いとこ)の間柄です。

夫妻の次男ジェイムズの妻レイチェルは、ボウッド・ハウスの当主シェルバーン伯爵(the Earl of Shelburne)の次女。二人が結婚したとき、私たちはカントリー・ハウスの結婚式とレセプションに招かれる幸運に恵まれました。

ジェイミー
James Hunter Blair(1926-2004)

シェルバーン伯爵チャーリー(父の没後はランズダウン侯爵を継承)は、私たちがカントリー・ハウス撮影行脚をはじめた一九八九年当時、歴史的な家の所有者協会(Historic Houses Association略称HHA)の会長でした。チャーリーが各家のご当主に直筆の紹介状を送ってくれたお陰で、一軒も断られることなく取材できました。

その紹介状の宛名は、たとえば、The Rt Hon the Earl Spencer.MVO.DL.(故ダイアナ妃の父)と公式のものですが、私のことを"Dear Jonny,"で、"has been a family friend for a number of years"(長年の家族ぐるみの友人)と紹介してくれていました。

「スコットランドの取材をはじめるの? それじゃ、ジェイミーだ」。ある夏の晩、彼の館ボウッド・ハウスの、ごく内輪の気取らない夕食に招かれたとき、チャーリーが言いました。

「すごくいい奴なんだ、ジェイミーは。とてもご婦人が好きでね。でも、変な意味じゃないよ」。チャーリーのイートン校時代からの親友セント・ジャーマンズ伯爵ペリグリンが言いました。

当時のHHAのスコットランド代表、ジェイミーことジェイムズ・ハンター・ブレアは曾祖父のもう一代前(グレイト・グレイト・グランドファーザー)の銀行家、サー・デイヴィッド・ハンター・ブレアが十九世紀初めに創建した、復興ゴシック様式の館ブレアファン城

(Blairquhan Castle)の当主。「もちろんジェイミーを知ってるよ。彼が僕を知らなくても。スコットランドではだれでもジェイミーを知っている」。ジェイミーはそんな人物です。

いよいよブレアファン城へ

「どっちの方角から来るの」

「たぶんストレイトンのほうから」

「それじゃ、そのままB七四一をまっすぐ西に。屋根つきのバス停のすぐ手前の石橋をわたって、そこから門を入るといい。ロッジから三マイル(約四・八キロメートル)ほどで家に着くよ」とご当主ジェイムズ・ハンター・ブレア氏が、電話で教えてくれました。

ロッジ(lodge)というのは門番小屋のことですが、小屋とよぶにはあまりにも本格的な石造りで、錬鉄の門の両側に左右対称の一対の家があり、通常そのいずれかに門番と家族が住み込んでいます。

ブレアファン城の敷地は、二本の街道とそれより細い二本の道路に囲まれた台形状で、少なくとも三つの門があり、どの門からも家まで約三マイルはあるのです。

五キロ足らずでも、樹間を抜け、清流に沿う、曲がりくねった小径《こみち》は車でもけっこう長く感じられます。途中で道を間違えたのではないかと不安になっても、尋ねる人は見当たりません。半信半疑でしばらく車を進めると、突然視界が開けて、中央に四角い塔が聳《そび》える、まさに城のような館があらわれました。

ブレアファン城はウイスキーで有名な北部高地地方(ハイランド Highlands)に対して、スコットランドの南西部、いわゆるロウランド(Lowlands)のエア州(Ayrshire)にあり、エディンバラと並ぶ二大都市のひとつ、グラスゴーの約三〇キロメートル南に位置しています。銀行家デイヴィッド・ハンター・ブレア準男爵(Sir David Hunter Blair.Bt)の屋敷として、一八二〇年から二四年にかけて、ウィリアム・バーン(William Burn 1789～1870)によって十九世紀ゴシック様式で建てられました。

フラワー・ガーデンと温室。館の創建と同じころつくられた。

建築家の子としてエディンバラに生まれたバーンは、高校を終えるとロンドンに出て、当時人気の新古典派の建築家で、大英博物館の設計で知られるロバート・スマーク(Sir Robert Smirke 1780～1867)の事務所で修業しました。

ゴシック復興の十九世紀

十九世紀初頭は、前世紀の新古典様式と復興ゴシック様式の相剋時代で、ホイッグ(のちの自由党)とトーリー(のちの保守党)が、支配階級を二分していました。前者は理知的な古典主義の維持を、後者は重厚なゴシックの復興を支持しました。建築家もいずれかの様式を専門としましたが、ゴシック派の頭目と見なされている、ウェストミンスターの国会議事堂の設計者チャールズ・バリー(Sir Charles Barry 1795～1860)のように、施主の注文によって両様式を使い分けた例も少なくありません。

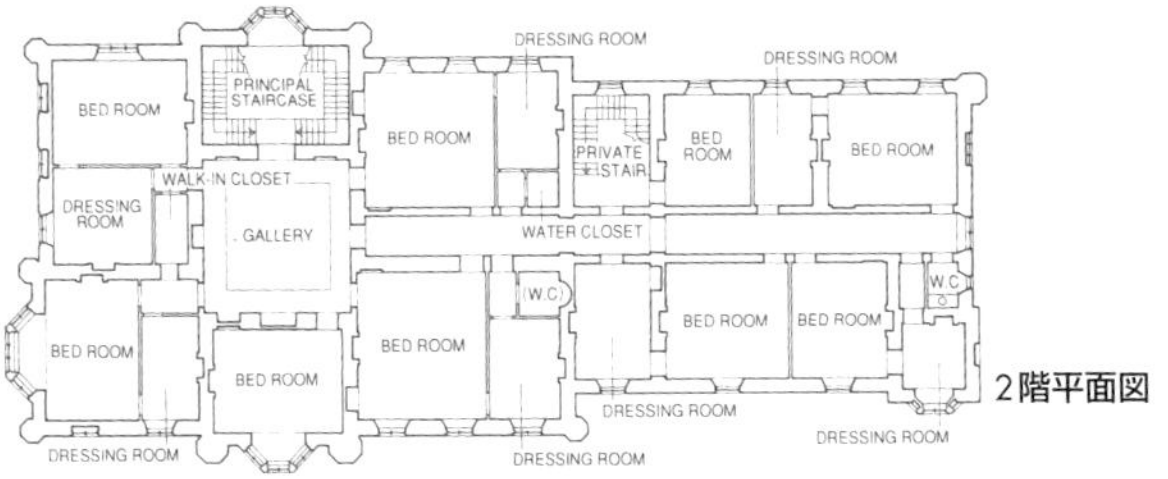

2階平面図

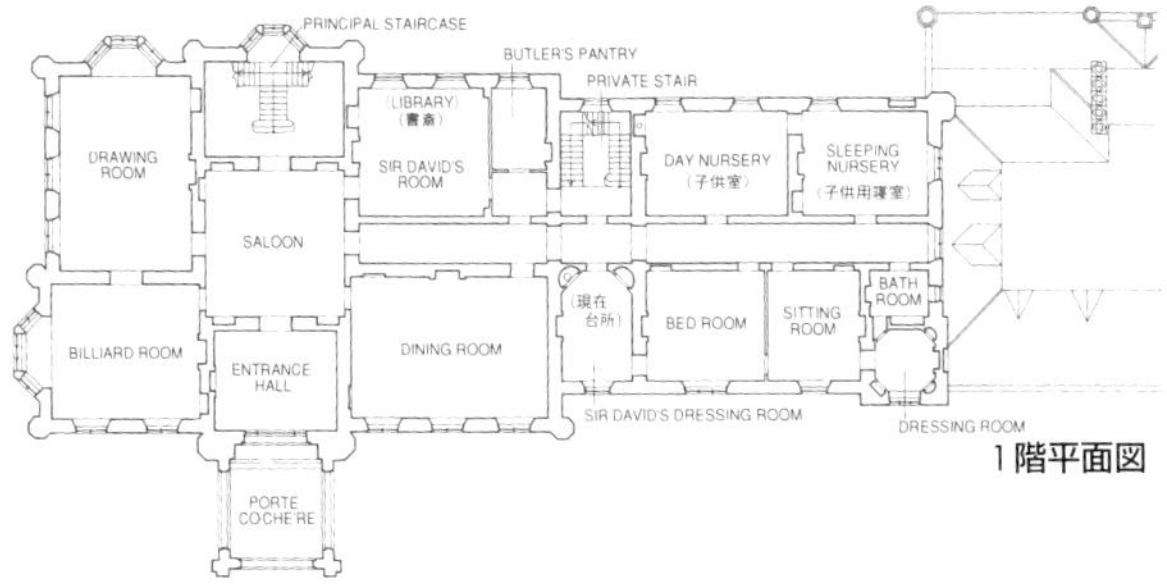

1階平面図

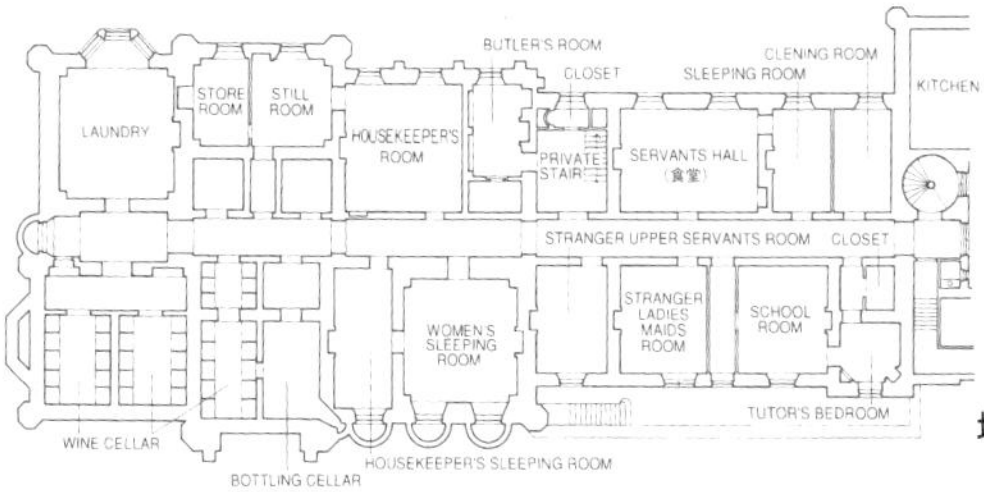

地階平面図

創建時の図面。現在も基本的にはほとんど変わっていない。

8月には鮭が堰を跳びこえて遡上する。

玄関ホール。

二、三年後、エディンバラに戻って開業したバーンも、初期に手がけた公共建築には、師スマーク流の復興ギリシャ様式をもちいています。

バーンは精力的で自尊心が強く、決して如才ないタイプではありませんでしたが、金持ちでわがままな施主の注文を忍耐強く

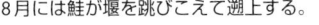

典型的な19世紀のサルーン。

聞いたので、スコットランドの貴族や有力者たちに多くの顧客を得て、とくに邸宅の設計で知られるようになりました。ブレアファン城は、彼の人気の上昇期に手がけた代表作です。

十九世紀前半、英国は産業革命をほぼ達成して、比類ない強国として世界に君臨し、従来の大地主である貴族に加えて、あらたに富を蓄えた企業家階層の興隆を見ました。

十六世紀以来の貴族・紳士階級とこれら新興の産業資本家たち、のちにエスタブリシュメント(establishment)とよばれるようになる支配階層は、より多くの客人をみずからの「誇りの館」に招き、もてなすようになり、客は多くのお供を引き連れて招待に応じたのです。それに対応すべく十九世紀には、城館の増改築が頻繁におこなわれました。主として十六世紀に建てられ、部分的には十四世紀半ばにさかのぼる古いブレアファン城の建て替えも、まさにこの時期でした。

もてなしの家

ブレアファン城はカントリー・ハウスとしては小規模ですが、建て替えられてから一七〇年、建物自体も住人の暮らしぶりも、基本的には変わっていません。当初から、

サルーンのギャラリーと天井。

主階段。

歴史的な大貴族の館のように王族を迎えるための豪華な貴賓室（Staterooms）は設けず、十分な数の品の良い客用の寝室を二階に設けました。また、お供用の寝室をこの家の使用人と同じ、地階におきました。

なぜこれほどまで、客のためにスペースを割いたのかと首をかしげたくなりますが、伝統的に英国紳士の三大スポーツは、狐狩りのように馬を駆っておこなうハンティング、雷鳥《グラウス》や雉などを撃つシューティング、鮭や川鱒を釣るフィッシングで、いずれも各所領のなかでおこなわれました。

たとえば、八月一二日に解禁となる雷鳥のシーズンには、友人たちを泊まりがけで招いて催されるシューティング・パーティーが、今日でもさかんにおこなわれています。地方の所領に建つこれらの家は、ほとんど例外なく交通の便が悪く、モータリゼイション以前の時代には、日帰りなどは考えられないことでした。

家は石造り、地上二階、地下一階、総床面積は二五一六平方メートル、塀で囲まれた現在の敷地は約二〇二万三四〇〇平方メートル（六一万三一五一坪）で、公共部分を含めた皇居の総面積の約一・七五倍にあたります。所領の総面積はその四倍で、おもに農地、牧草地ですが、この家の創建時には、現在の七倍あったということです。したが

ドローイング・ルーム。

ダイニング・ルーム。おもな照明はキャンドル。

ライブラリー。

って、南西から望む正面および北西からの館の遠望の写真に写っている範囲は、おおむねこの家に属すると思ってまちがいありません。

今日、狐狩りは残忍なスポーツという理由から、ほとんどおこなわれませんが、釣りはブレアファンの所領内を流れるガーヴァン川で楽しむことができ、八月には鮭が産卵のため、小さな堰を次つぎに跳びこえて遡上していくのが見られます。

部屋の配置と様式

内部の主要な部分の概略を述べると、車寄せ(porte cochere ポルト・コシェール)から正面の扉を開け、比較的狭い玄関(entrance hall)の奥の扉を入ると、広々としたサルーン(saloon)とよばれる吹き抜けのホールに出ます。この空間は中央部の塔の真下にあたり、高さ二〇メートルの天井は穹窿《きゅうりゅう》(vault)になっていて、二階部分には回廊(gallery)がめぐらされています。この二四フィート(七・三メートル)平方の空間は、レセプションや舞踏《ボール》会に使用され、今世紀初めには自動ピアノ(pianola)がおかれていたということです。

十九世紀に建てられた大邸宅の多くには、この形式のサルーンが設けられています。

サルーン奥は主階段《メイン・ステアケース》になっていて、サルー

「赤の寝室」。ベッドも家具もほとんどが創建時のまま。

「青の寝室」。

ワイン・セラー。

ンの左手には大小二つのドローイング・ルームがあり、右手奥（南側）には主人の書斎であるライブラリー（library）、手前（北側）にはダイニング・ルーム（dining room）があります。食堂の東隣、かつての主人用更衣室（dressing room）は、現在台所になっています。戦前には、火災予防と調理の匂いが家中に漂うのを避けるために、台所は多くの場合母屋から切り離され、キッチン・コート（kitchen court）という別棟におかれました。

これより奥（東）は廊下を挟んで北側も南側も家族の寝室や居間が並ぶプライヴェートな領域です。

二階の、サルーンの上の回廊に面した五つの寝室と、東の廊下の南側に並ぶ二つの寝室は、創建時とほとんど変わりませんが、好きなときに自分たちでお茶を入れてくつろげるように、一部共用の居間、食堂、台所に改造されています。

戦前は執事《バトラー》、女中頭《ハウスキーパー》（housekeeper）をはじめ、多数の住み込み使用人の領域であった地階は、家事が少数の通いの人たちでおこなわれるようになった現在、用途が大きく変わりました。唯一変わっていないワイン・セラー（wine cellar）も、大きさは二分の一に縮小され、撞球室は現在の小応接室から地階に移されました。そのほか不要になった部分は、家を一般公開するとき、喫茶室、

ビリアード・ルーム

売店、展示場などのサーヴィス・エリアに使用されています。

南東の端に教室(school room)と家庭教師の寝室(tutorr's bedroom)があるのは、今世紀初めまで上流階級では、子どもが寄宿学校に入る八歳くらいまで、住み込みの家庭教師が教育にあたっていたためです。

この家の椅子、テーブル、ベッドなどの家具や什器類《じゅうき》の多くは、創建者自身がエディンバラやロンドンに注文したと聞いていましたが、私が泊まった「赤の寝室」の天蓋つきベッド(four-poster)の毛布の端に「1824(年)」の赤い縫い取りを見つけて、少なからず驚きました。

家の外観、玄関ホールとサルーンの扉や窓のアーチとヴォールト天井はゴシック様式ですが、他の部屋はピンクやオリーブグリーンなどのブロケード張りの壁、白塗りの戸口の框《かまち》(doorcase)など内装はほとんど新古典様式です。

ファーガスン、ペブロウらのコレクションが特徴のアート・ギャラリー。

このような家を維持するための気の遠くなるような高額の経費は、おもに地代収入とシティーに投資した資本の果実でまかなわれているようです。また、歴史的建造物と認定された家は、一年に二〇日以上一般公開することで、税の免除を受けられることも文化遺産を保持する助けとなっています。

わが国の西洋建築の父ジョサイア・コンドル(Josiah Conder 1852〜1920)も、代表的ゴシック建築家ウィリアム・バージェズ(William Burges 1827〜81)の助手を務め、ゴシックの洗礼を受けました。コンドルは折衷主義者とよばれたとおり、ゴシック、ルネッサンス、インド・イスラムなどさまざまな様式を取り込んでいますが、彼が手がけた明治・大正期の華族・財閥の住宅のほとんどすべてに、ブレアファン城の玄関に見られる屋根付きの車寄せ《ポルト・コシエール》があることを思い出しました。

ブレアファン城のもてなし

はじめて訪問したときのこと。玄関の前に立つと、正面の扉からジェイミーがあらわれ、全身で「よく来たね」という歓迎の気持ちをあらわして私たちを迎えてくれました。私たちの荷物を受け取ると、裏階段に併設してある今世紀初めの手動エレベーターへ。荷物を上げると、さっそく部屋に案内してくれました。

「七時に友だちをよんであるから、それまで部屋でひと休みして、六時半になったら下でドリンクにしよう」

ひと息入れて服装を整え、階下に降りていくとき、あとで自分の部屋に無事帰り着けるように、念入りに道順を頭に刻み込みました。同じような扉がいくつも並んでいますが、ホテルとちがって番号が振ってありませんし、一日のドライブの疲れに加えて、戻るころはワインの酔いで、いささか朦朧《もうろう》となっているでしょうから。

階段の途中から聞こえていたピアノの音をたどって応接室に入ると、すでにシャンパンをはじめ、さまざまな酒類の瓶と各種のグラスが用意されていて、その向こうで、ピアノの端にグラスをおいてバッハの調べを奏でているのはジェイミーでした。

やがて数組みのお客が集まり、つぎつぎに紹介され、グラスを片手にひとわたりおしゃべりを楽しんだあと、ダイニング・ルームに案内され、決められた席に着きます。

食堂は、深紅のブロケード張りの壁に、先祖代々の一族の肖像画がびっしりと並んでいますが、額ごとに棒状の小さな電球が配されている以外、電灯はいっさいなく、照明はすべてキャンドルです。

コルドン・ブルーの修業証書(ディプロマ)をもつ若い美人コックの料理はみごとで、ジェイミーがみずからセラーに降りて選んだワインも完璧でしたが、使われている食器類はほとんどすべて、創建者が吟味して買いそろえたということが、何よりもご馳走でした。

デザートに入って、食後酒のポートやマデイラと葉巻が供されるころ、婦人たちは二階の化粧室に退き、しばらくして男たちはホストを先頭に、一列縦隊にサルーンを抜け、玄関を出て、真っ暗な屋外へと行進します。

前庭の広い芝生の縁に横一列に並んで、暗闇に向かっていっせいに放水したのち、再びホストを先頭に屋内に戻り、応接室でコーヒーを飲む婦人たちに合流します。

ブランデーやリキュールのグラスを片手に、書斎に用意されたさまざまのゲームに子どものように打ち興じて、ブレアファン城の夜はふけていきます。

レイクのほとりで例年8月におこなわれるランチョン・パーティー。

2 コーダー城・グラームズ城・ブレア城

お伽話の城のようにロマンチックな外観のダンロビン城。

19世紀ゴシックの名花ダルメニ・ハウス。

スコットランドには城が似合う

私たちは英国としてひとつに考えますが、グレイト・ブリテン(Great Britain)という島は、南にイングランド(England)、北にスコットランド(Scotland)、西にウェールズ(Wales)と、三つの地方があり、スコットランドとウェールズの人たちには、イングランドは歴史的に見て、自分たちを力で併合した侵略者であるという、潜在的な意識があるようです。

地続きですが、境界線を国境と同じボーダー(border)という言葉でよび、イングランド、スコットランド、ウェールズ、アイルランド、フランスのあいだで戦われるラグビーの五か国(Five Nations)対抗は、インターナショナル・マッチとよばれます。

スコットランドとイングランド最北部ノーサンバーランドとの境界となるトウィード川の北の一帯はボーダーズ・リージョン(国境地帯)と名づけられ、地図を見ると古戦場のマークだらけですし、実際に歩いてみると、見張りの塔や砦の廃墟がたくさん

コーダー城。跳ね橋を渡って入口へ。

19世紀末の精華マウント・スチュアート。

コーダー城の東正面。

マウント・スチュアートのマーブル・ホール。

見られます。三年ほど前日本でも上映された『ブレイブハート』という映画は、十四世紀の初めにイングランドと戦って数々の勝利を収めたスコットランドの独立の英雄ウィリアム・ウォリス(William Wallace 1274～1305)の物語で、なんとも血なまぐさいシーンの連続でした。

イングランドとの戦いだけでなく、部族(clan)のあいだの抗争も絶えなかったせいでしょうか、スコットランドにはコーダー城、グラームズ城のような中世以来の城と、ブレア城やダンロビン城(Dunrobin Castle)のような十八、九世紀にロマンチックなヨーロッパ風に改築した城的な館が多いのが特徴といえるでしょう。十八世紀に建築、改築された城館には、ほとんどウィリアム・アダム(William Adam 1689～1748)の手が入っているといってもよいほどですが、十八世紀後半にアダム・スタイルで一世を風靡した、彼の次男ロバートは、イングランドを活躍の場に選んだため、彼の作品はメラスティン(Mellerstain)とクレイン城(Culzean Castle)のみです。

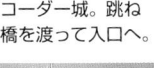

十九世紀ゴシックの精華

ブレアファン城と、エディンバラ近郊にあるダルメニ・ハウス(Dalmeny House)は復興ゴシックのなかで、とくにスコティッシュ・バロニアル・スタイル (Scottish Baronial Style) と名づけられた様式の代表例です。

一九九五年に初めて公開されたビュート島のマウント・スチュアート・ハウス (Mount Stuart House) は、同じビュート侯爵が、ジョサイア・コンドルの師ウィリアム・バージェズに改装させたウェールズのカーディフ城や、ロンドンのセント・パンクラスの駅舎と並ぶ、ヴィクトリア朝ゴシックの名作です。

先代伯爵夫人。東欧貴族の出身で亡夫とともに珈琲のCMに登場。

コーダー城 (*Cawdor Castle*)

「リリー・コーダーです。お電話をいただけませんか」という声が留守番電話から聞こえてきました。

スコットランドの城館もおもなものはほとんど取材済みでしたが、シェイクスピアの『マクベス』との関連で、日本人も多数訪れるコーダー城も、ぜひ加えておきたかったのです。

撮影許可を求めた手紙に「お待ちしています。よろしければ昼食をごいっしょに。コーダー伯爵未亡人アンジェリカ」という返事をもらっていました。

折り返し電話すると、「撮影用にヘリをチャーターするのはいかが」というお申し出。「伯爵未亡人」という肩書に、威厳にみちてやや恐ろしげな老婦人のイメージを勝手に描いていた私たちは、前日の夕刻予告しないで下見に立ち寄った城の前で、4WDのベンツを駆ってあらわれたスラックス姿の長身の美女に、「ようこそコーダーへ」とにこやかに迎えられたとき、一瞬遅れて当の伯爵夫人と気づいてびっくりしました。職員がすべて帰宅した無人の城に、たまたま書類をとりに戻ったという夫人は、「夕食に客を招いているので、あまり時間はありませんが」と断って、手際よく城内のおもな部屋を案内してくれました。

城の一般公開期間中、伯爵夫人はこの「夏の家」で暮らす。

武勇にすぐれ、知にも長《た》けたコーダーの領主マクベスが、魔女の暗示に惑わされ、野心的な妻にそそのかされて、主君ダンカン王をみずからの居城で暗殺するシェイクスピアの悲劇はあまりにも有名ですが、彼の他の作品同様『マクベス』も、史実にもとづかない既存の歴史物語を下敷きにした、シェイクスピアの創作です。

コーダー城の創建は推定で一三八〇年ご

空から眺めるコーダー城と所領。

ろです。ダンカン王がマクベスとの戦いで重傷を負って死んだのが一〇四〇年、マクベス自身の戦死が一〇五七年ですから、城の誕生より三〇〇年以上昔の話となります。明らかに史実と異なる伝説が、現在でも多くの人の心をひきつけ、観光シーズンには一日二〇〇〇人近くがここを訪れるといいます。

中世の城は十七世紀以降改築、改装が重ねられて、住み心地のよい館に進化してきました。今日多くの歴史的建造物が、入場料で膨大な維持費の一部をまかない、年に二〇日以上一般に公開することを条件に固定資産税の減免を受けるために、四月の初めから九月末まで公開されています。

伯爵家の人びとは公開期間中領地の一隅にある「夏の家」ですごし、一〇月から三月までは城内に戻るのだそうです。私たち部外者には、暗くて寒い冬場の英国で、石造りの城内の生活が快適とはとうてい考えられないのですが、先祖代々六〇〇年間営みつづけた暮らしへの愛着は捨て切れないといいます。

次の日、夫人の4WDに先導されて森や林を抜け、花畑に囲まれ、絵画、彫刻、陶磁器で飾られた「夏の家」で昼食を楽しみました。翌早朝、夫人も増田さんとヘリに同乗、パイロットに指示を与えながら、みずからも撮影に加わりました。

グラームズ城（*Glamis Castle*）

魔女一　「マクベス万歳！　グラームズの領主に幸あれ！」

魔女二　「マクベス万歳！　コーダーの領主に幸あれ！」

魔女三　「マクベス万歳！　やがて王たるもの」

――『マクベス』一幕一場

十五世紀初めごろ、伝説をもとに二行連句でつづられた『年代記』では、夢のなかの魔女三姉妹がマクベスの運命についてそれぞれ、「クロマティの領主」「モレイの領主」そして「終には王」とつぶやくのです。一五二七年に出版されたラテン語の『年代記』では、領主の地位がそれぞれグラームズとコーダーに変えられていて、それがシェイクスピアの種本になったようです。

したがってグラームズ城も、ダンカン王暗殺の現場ではありえないのですが、そこはスコットランド人一流のホスピタリティーというもの。クリプトとよばれるいかにも陰気な地下の一隅に、王の悲劇を思わせる「ダンカンズ・ホール」が設けてあります。

一方、実話の世界でのこの城のハイライトは、エリザベス二世の母君エリザベス皇太后の生家であることです。「クイーン・マザーズ・ベッドルーム」の瀟洒な天蓋つきベッドの垂れ幕の内側には、皇太后の母第十四代ストラスモー・キングホーン伯爵夫人みずからの手で、夫妻のイニシャルC＆Cと、

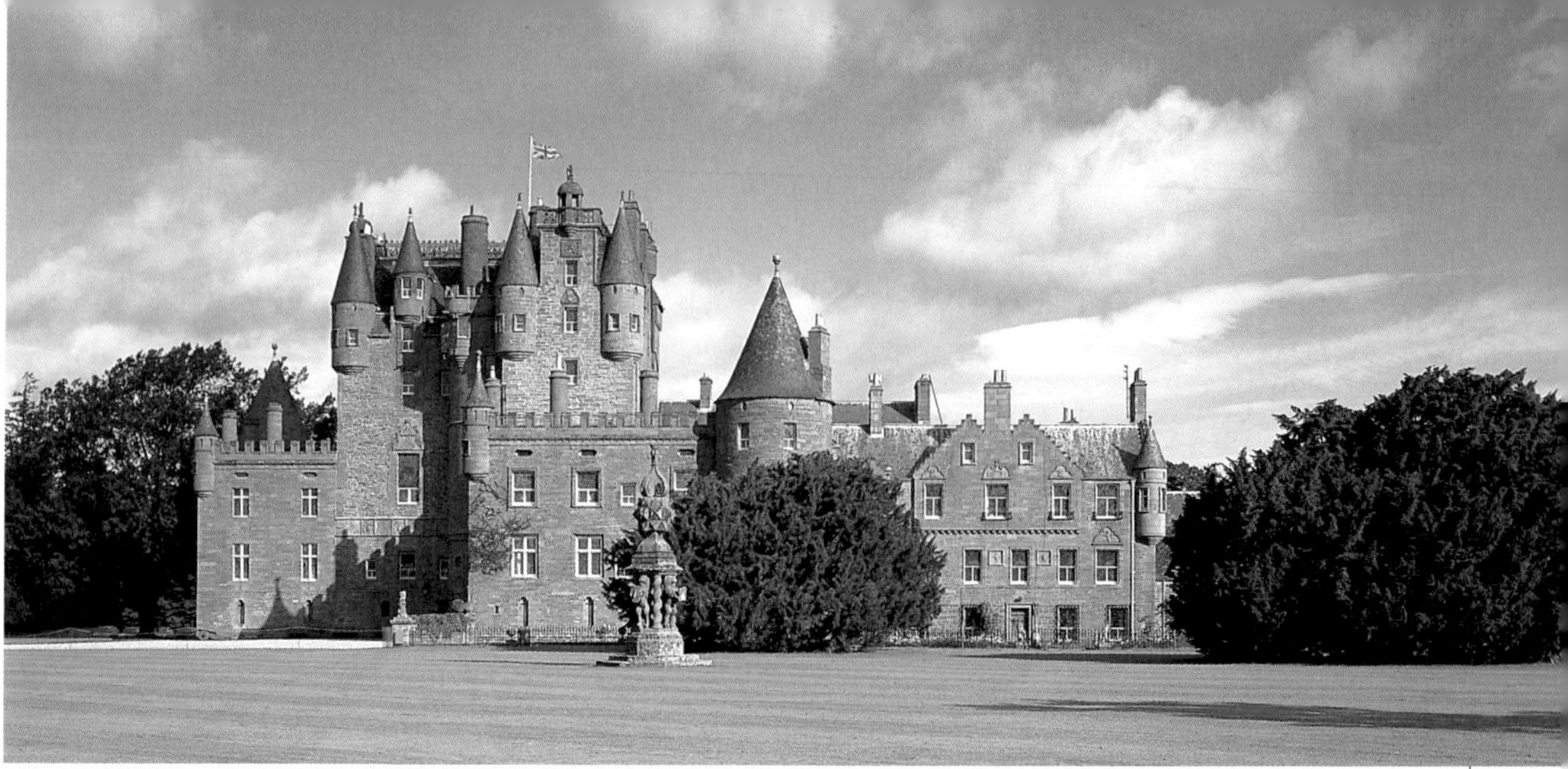

グラームズ城の東側外観。

子どもたち全員の名前と生年が刺繍され、そのなかに「エリザベス 一九〇〇」も見られます。

離婚とスキャンダルつづきで国民の信頼に陰りが見える英王室で、ひとり揺るぎない敬愛を集め、二〇〇二年に死去するまでたえず笑顔で公務をこなした皇太后は、新婚の数日をこの城ですごしました。

女王の母エリザベス皇太后の生まれたベッド。

ブレア城(*Blair Castle*)

「閣下は現在何人の私兵をおもちですか」

「数名のパイパー(バグパイプの奏楽隊)がいるだけですよ。でも今はホリデーで、だれもいません」と、私の問いに第十代アソル公爵は答えました。

連合王国(ユナイテッド・キングダム＝UK)という国家は形成していても、イングランドとスコットランド、ウェールズは外国に近いのです。教育、司法制度が異なるし、スコットランド銀行が独自の一〇、五、一ポンド紙幣を発行しているのも外国人には奇妙に思えます。

日本と同じく四方を海に囲まれた英国も、外敵は海上で撃破するのがいちばんで、エリザベス朝時代にスペインの無敵艦隊を撃滅して以来、国防は海軍が本流になりました。ちなみに皇族の男子の第一礼装は海軍の軍装です。第一次世界大戦まで英国には近衛連隊以外に陸上の常備軍はなく、国家の危急に際しては、貴族たちが自前の義

マクベス伝説で有名なダンカンズ・ホール。

勇兵団を組織して戦場に赴きました。

貴族の城館を訪れると、多数の剣、槍、銃などが、装飾品のように廊下や広間に陳列してあるのは、そこが有事に備える武器庫でもあった時代の名残りです。

アソル公爵はただ一人、現在も私設の軍隊をもつことが法的に認められているのだそうで、冒頭の私の質問はそういう理由からでした。スコットランドの歴史は、部族間の、あるいは王位継承をめぐる、マクベスを地でいくような殺し合いの連続でした。そしてまた最大の外敵はイングランドだったのです。平和な十九世紀になっても、スコットランドの貴族は城を建てつづけましたが、それらはもはや守りの城ではなく、お伽《とぎ》の国の砂糖菓子の城で、公爵のブレア城もそのひとつです。

ブレア城のエントランス・ホール。私兵団の武器庫でもある。

ブレア城。南西からの眺め。730年間に多くの増改築がなされたが、1869年に今日の姿になった。

階下——執事とハウスキーパーの世界

今は昔——階段の下の世界

　カントリー・ハウスの膨大な量の家事を担当する裏方さんたちの領域は、地階または半地下にあることが多いので、「ビロウ・ステアーズ」(below stairs)などとよばれます。これら使用人たちのための、いわば裏階段が、しばしば壁の内側にあるサーヴィス用の通路とともに、眼にふれないところに設けられています。

　これらは表階段とはちがって、狭い螺旋階段か、正方形の縦穴をぐるぐると回って昇るタイプの、実用一点張りの粗末な階段です。コーンウォル(Cornwall)のポート・エリオットにある第十代セント・ジャーマンズ伯爵の家(非公開)は、部屋数六〇余りで、規模はとくに大きいほうではありませんが、階段の数が一一もあり、その多くは家事用に使われていました。

セント・ジャーマンズの階下

　一九九七年一月から二月にかけて放映されたBBC制作の四回シリーズ『貴族』(Aristocracy)は、第一回―貴族が実際に社会を支配していた十九世紀から第一次世界大戦がはじまる一九一四年まで、第二回―「よき時代」は二度と戻ってこなかった第一次世界大戦の終わりから第二次世界大戦の終結まで、第三回―労働党内閣の平等化政策で重税を課せられ、庶民と同じように生きなければならなくなった終戦から、サッチャー政権による経済活性化のための課税率上限の引き下げでひと息つく一九七〇年まで、最終回―終わることがないであろう苦難の時代を、それでも先祖から継承した国民的文化財を守って、したたかに生きつづける人びとの一九七〇年から現在までを、それぞれ代表的な貴族たちとのインタビューを交えて紹介する番組でした。

第10代セント・ジャーマンズ伯爵(1941〜2016)。

電化以前の冷蔵庫。

　第十代セント・ジャーマンズ伯爵ペリグリン(Peregrin Nicholas Eliot, 10th Earl of St Germans)も、最終篇で、彼自身を撮影しないことを条件に、取材に応じています。かつてはロンドン、ニューヨーク、コーンウォルで、プレイボーイとして鳴らした伯爵も、このころ、数年来の肺機能障害がかなり進行していて、姿を人目にさらしたくなかったのでしょう。

　たまたま同じころ、近くの館を取材する途中に立ち寄ったときには、立って歩くのも苦しそうで、日本製の四輪スクーターのような車に乗って、六万エーカー(七三六万坪)という広大な敷地の一部を案内してくれましたが、車が使えない屋内は、泊まりに来ていた友人が代わりに案内してくれました。

　この家の魅力は、古いものがほとんど手をつけられないままに残っていることで、かつて執事《バトラー》、女中頭《ハウスキーパー》、クックまたはシェフという、管掌する領域が明確に区分された三人の指揮のもとに、大勢の使用人たちが忙しく立ち働いたキッチン、スカラリー

(scullery 洗い場)、スティル＝ルーム(still room ジャム類やお茶のためのパイなどをつくる、もうひとつの台所)、パントリー(pantry バトラーの管理するグラス、カトラリー、金属器などを収納する部屋)、ナイフ・ルーム(knife room 念入りに研いだり磨いたりする必要のある、象牙や骨製の柄のついたナイフを収納する部屋)、ラーダ(larder 肉類を処理し、卵、チーズ、バターなどを収納する部屋)、ローンドリ(laundry 洗濯室。洗うだけではなく特殊なリネンの襞に合わせた特別なアイロンなども用意されている)、チャイナ・ルーム(china room ハウスキーパーが管理する陶磁器類を納める)、セラー(cellar ワインの貯蔵庫だが、大きな家には自家醸造したビールを樽で貯蔵するビヤ・セラーがある)、サーヴァンツ・ホール(servants' hall 使用人たちが身分の順に着席する食堂)等々が往時のままに保たれていて、まるでそこから、人影だけが、忽然と消えてしまったような錯覚に陥ります。

本書の草稿を書きあげる前に、もう一度この家をつぶさに見ておきたくて、もしやという思いでかけた電話から、一九九七年の肺移植手術が奇跡的に成功して、すっかり健康を回復したペリグリンの元気な声が流れてきました。

「おいでよ、泊まりがけで、何日でも。家族も、友だちも、犬でもなんでも連れて。部屋はいくらでもあるから」

彼の祖父、第八代伯爵は、この家をできるだけ変えないで維持することに努力しましたし、幼いころから孫にいろいろと教え込んだようです。父、第九代伯爵は家を守ることに無関心というよりも、むしろ嫌っていたのだそうです。

ペリグリンは祖父に共感をもち、イートン校を出るといっさい職につかず、この家を運営することに専念しました。以前はプールと熱帯植物の世話をする人だけでも三人いたそうですが、「今はヘッド・ガードナーともう一人のガードナー、それにぼくだけ」と鋏を片手に、ときどき邪魔な枝を払いながら、今回は元気に歩いて庭を案内してくれました。

かつて階下でどれくらいの人数が働いていたのかはわかりませんが、あの規模から見て、二〇人を下ることはないでしょう。現在では、ハウスキーパーのリタともう一人のハウスメイドがいるだけで、階下の台所でクックが用意した料理を盆にのせて、毎回リタがペリグリンのところまで、通路を百数十メートル歩いて運びます。

九時の朝食、一時の昼食、五時のアフタヌーン・ティー、八時の夕食は、彼が家にいる日には判で押したような日課で、そのほかに用事があればよばれ、そのたびごとにリタは同じ距離を往復することになります。昔も今もカントリー・ハウスの勤めは辛いもののようです。

ワイン・セラー。

階上の各部屋から紐を引いてベルを鳴らして使用人をよぶ。

電化された呼び鈴のボード。

19世紀以来そのまま使用されているキッチン。

パーティーの日のハウスメイドたち。

エドワード7世を囲んでのティー。

ナニー(乳母)。

19世紀の中ごろのドレスの着付。

フットマンのお仕着せ。仕事の内容で日に幾度も着替えた。

さまざまな職種の男の使用人。

もちろん、これだけの人数で、家事も外回りの仕事もまかなえるわけではありません。現在では通いのスタッフが多く、大きな宴会やパーティーのときには、近くの村から臨時のサーヴィス要員が動員されます。

近隣の雇用安定に寄与

カントリー・ハウスは大きな町のように、あるいは豪華なホテルのように自給自足できる機能を備え、多くの要員を抱えていました。地元の人びとに働く機会を与え、地域経済に寄与したといえるでしょう。所領は大きな農地でもあり、村人の多くは小作人でした。

娘たちは十二歳ぐらいになると、お屋敷にご奉公に上がり、メイドの見習いとして家事やマナーを覚え、多くは十七、八歳で嫁入りのためお暇をいただくのです。奥様のお眼鏡にかなった娘は女子の使用人の指揮監督にあたる、ハウスキーパーや、乳幼児の養育いっさいを任されるナニー(乳母)にとりたてられて、生涯独身ですごすことが多く、引退後は年金を支給され、所領の一画に用意されたコテイジとよばれる小さな家か、館の一隅に部屋を与えられて、余生をすごしました。

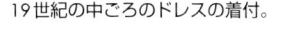

第3章 英国貴族とカントリー・ハウス

1 カントリー・ハウスとは？

様式模索のチューダー時代

カントリー・ハウスの歴史は、一四八五年のバラ戦争終結とチューダー王朝成立にはじまります。

強力な王権が確立して、日本の戦国時代のように群雄割拠して領地を奪いあう時代が去ったことで、人びとは厚い壁に閉ざされた陰気な城の生活を棄てて、新鮮な空気と明るい陽光を満喫できる住宅の生活に移りました。

新興のチューダー朝支配階級も、権力者にふさわしい住宅の建築を望みましたが、その時代にはまだ、城以外に大規模な世俗建築の例がありませんでした。イングランド中部ダービシャーのハドン・ホールは、私たちには城に見えます。しかし、よく見ると、それはもはや城ではないことがわかります。

城と見紛うハドン・ホールの外観。

外壁の最上部に並ぶ狭間《はざま》(battlement)は、実際の城のものよりずっと小さい装飾狭間です。城の場合は、城壁の下まで敵が迫ったとき、間隙から石を敵の頭上に落としたり、煮えたぎる油を流したりするため、もっと大きく造りも頑丈なのです。

つぎに窓です。防備一辺倒の城では、外壁に窓を開けるのは極力避けなければなりません。実際、城には、隅に設けた見張りの塔などに、監視と換気のための、くびれた短冊《たんざく》形の、窓というよりは間隙があるだけです。しかし、ハドン・ホールの場合は、中庭に面した壁に、次の世代にブームとなる大きなガラス窓がふんだんに設けられています。

さらに、ハドン・ホールでは、背後の丘の斜面を利用して、ロング・ギャラリーと同じレヴェルに、空中庭園のようなテラスがつくられていて、そこからギャラリーの北側の部屋にドア一枚で入れるようになっています。東側の谷からは堅固にそそり立つ城に見えても、裏側はまさに尻抜けです。

もうひとつの城の名残りは堀で、近世になって外敵の脅威がなくなったあとも、イングランド東部ノフォークのオクスバラ・ホール(Oxburgh Hall)のように、多くの館が依然として周囲に堀をめぐらせていました。

ロングリート・ハウス。

中世の名残りの堀をめぐらせたオクスバラ・ホール。

何でも取り入れるエリザベス朝

十六世紀も後半のエリザベス朝（一五五八〜一六〇三年）になると、この島国にもおもにオランダやフランスを経由して、より多くの情報が伝えられるようになりました。新しいものを取り入れることに貪欲だった当時の英国人は、建築にもいろいろな様式を次々に取り込みました。

とはいっても中心となったのは、フランスを経由して入ってきたルネッサンス様式で、請負師のような役目のサーヴェイア（surveyor）とよばれる石工の親方（master mason）が、施主の注文にできるだけ忠実に、設計、資材の購入、職人の手配、監督などをおこないました。そのなかでロバート・スミスソン（Robert Smithson）という名は、エリザベス朝期の主だったカントリー・ハウスのほとんどの記録に残っていますが、それらひとつひとつが様式を異にしているので、施主の意向がいかに重視されたかがわかります。

屋上に小塔や煙突が林立するバーリー・ハウス。

この時期の建築はどれもバランスが悪く、デザイン的には大陸の水準にはまだ遠いという感じですが、十分水準を超えて、今も創建時と変わらぬ美しい外観を見せているのは、イングランド西部ウィルトシャーのロングリート・ハウスです。現当主バース侯爵の先祖である施主ジョン・シン（Sir John Thynne）が、建築に深い造詣と抜群のセンスを有していたことがうかがわれます。

大きなガラス窓と屋上の煙突

このころの施主たちは、外壁の窓の面積をいかに大きくとるか、屋上に林立する煙突の数をいかに多くするかを競い合いました。それは、当時はガラスが宝石に喩《たと》えられるほど、高価な貴重品であったこと、当時の技術では壁のなかを通して煙を屋上に出す煙突の工事がむずかしく、金がかかったからで、ガラス窓と煙突は彼らの富のあかしでした。

窓の面積をより大きくする工夫でこの時期の建築を特徴づけたのは、地面から軒までひと続きの張り出し窓、ベイ・ウィンドウ(bay window)です。つまり、平らな外壁より、張り出した側面の分だけ、窓をつくる面積が増えるという理屈です。

窓拡張競争の極限ともいえるのが、ダービシャーの丘の上に立つハードウィック・ホールで、外壁はほとんどガラス、四隅の塔の最上部の内側には何もなく、それは純粋に窓のための窓。人びとは「モア・グラス・ザン・ウォール」(more glass than wall)と評し、「美しい」と称えますが、私には「奇怪」で、むしろ醜悪に感じられるので、この家に関しては議論を避けることにしています。ただし、それは外観に関してだけで、この家の階段ほどユニークで、感動的な効果をもつ例を知りません。

また、ロングリート・ハウスや、それと並ぶエリザベス朝ルネッサンス建築の代表的な館バーリー・ハウスの屋上には、煙突ばかりでなく、多くの小尖塔も立ち並んでいます。それらが中世ゴシックの大聖堂の尖塔のように、天を指して伸びる光景は、見る人に畏怖《いふ》の念を抱かせました。

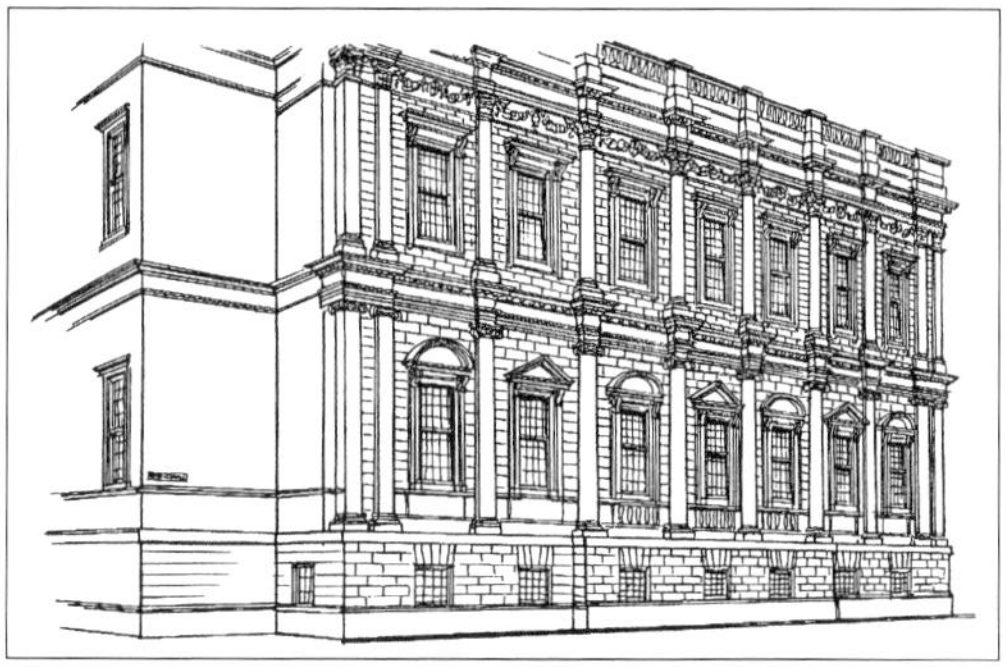

ホワイトホール・ヴァンケティング・ハウス。

ウィルトン・ハウス。

英国にはじめて本当のイタリア古典様式を紹介した建築家イニゴ・ジョーンズ。

葱花形の屋根と赤レンガ

一六〇三年、エリザベス一世の崩御でチューダー朝は終わり、スコットランド王ジェイムズ六世がイングランド王ジェイムズ一世として即位し、スチュアート朝となります。ジャコビーアン(Jacobean)とよばれるジェイムズ一世の時代には、まだエリザベス朝末期の一五九〇年代にはじまった、カントリー・ハウスの建設ブームがつづいていました。この時期の建築の外観は、ロンドンの北方にあるハットフィールド・ハウスのような赤レンガ造り、四隅の塔(corner tower)に載せた葱花形《オジー》(ogee)の屋根、白い隅石コイン(coign)が特徴です。これはフランス・ルネッサンス様式と対比して、オランダあるいはドイツ、オーストリアに通じるゲルマン的な要素を感じさせます。

英国初のアーキテクトの登場

ジェイムズ王朝期に、英国にはじめてイタリア古典主義建築を直接紹介し、みずからをそれまでのサーヴェイア（測量技師）ではなく、アーキテクト（建築家）とよんだイニゴ・ジョーンズ（Inigo Jones 1573〜1652）が登場します。彼はヴェネツィアで風景画を学んでいました。

しかし、イタリア北部ヴェネト地方に多くの作品を残し、イタリア古典建築の教科書『建築四書』を著して、十七世紀から十九世紀にかけて、全ヨーロッパの建築に最大の影響を与えた建築家アンドレア・パッラーディオ（Andrea Palladio 1508〜80）の建築に魅せられ、古典主義建築を英国に紹介します。のちに宮廷芸術主任的な役に任じられ、建築のみならず演劇、美術・骨董研究

ドレイトン・ハウス。前庭と1330年ごろ築かれた挟間付きの防護壁。

壮麗な英国バロック様式のカースル・ハワード南面。

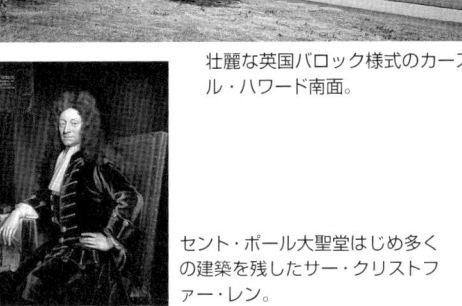

セント・ポール大聖堂はじめ多くの建築を残したサー・クリストファー・レン。

その他の分野に大きな足跡を残しました。

代表作をひとつだけあげればホワイトホール・ヴァンケティング・ハウス（Whitehall Banqueting House）ということになるでしょう。宮廷建築家なので、カントリー・ハウスとしてはソールズベリのウィルトン・ハウス（Wilton House）の改装を手がけただけですが、ダブル・キューブ・ルームの内装は、この部屋を「英国でもっとも華麗な部屋」にしています。

一六二五年にジェイムズ一世が亡くなり、その子チャールズ一世の絶対王政志向が、清教徒優勢の議会との対立を深め、英国は内戦の危機に向かいます。一六四二年にはじまる清教徒革命はクロムウェルの率いる議会派の勝利に終わり、一六四九年、王は反逆罪で、イニゴ・ジョーンズが王のために建てたホワイトホール・ヴァンケティング・ハウスの前で処刑されます。

つづくクロムウェル独裁による共和制のあいだ、英国はじっと禁欲の時代を耐え忍ばなければなりませんでした。もちろんその間、目立ったカントリー・ハウス建築の動きはありません。

王政復古と英国バロックの誕生

一六六〇年、「楽しい王様」（Merry Monarch）とよばれるようになるチャールズ二世を亡命先のフランスから迎えて君主制が復活すると、禁欲的な共和制時代の反動で、陽気で享楽的な時代が到来します。レン（Sir Christopher Wren 1632〜1723）のバロック様式によるセント・ポール大聖堂の再建と並行して、カントリー・ハウスも英国バロック様式の時代を迎えます。孤高の天才建築家トールマンが担当したチャツワースの南面、ディラム・パーク（Dyrham Park）の正面、ドレイトン・ハウス（Drayton House）の正面は、いずれも建物の一部ですが、見るたびに感動を与えられる珠玉のデザインです。

彼につづいて、人気絶頂の劇作家ヴァンブルーが、一六九九年突如建築に転じて、カーライル伯爵のためにヨーク郊外に壮麗なバロック様式の館カースル・ハワードを、つづいてブレニム・パレスを設計しました。レンとヴァンブルーの忠実な補佐役に徹したホークスムア(Nicholas Hawksmoor)も、カースル・ハワードの大霊廟(mausoleum)と、小ぶりながら名品といえるイーストン・ネストン(Easton Neston 非公開)を残しています。

内向から外向へ・東西から南北へ

この時期は、一六八〇年代後半から一七二〇年代までの四〇年あまりで、したがって作品の数もかぎられていますが、どれも見る人に感動を与えるのは、そのダイナミズムではないでしょうか。

それまでの建物がエリザベス朝以来、中庭を中心にまとまる求心性をもっていたのに対して、バロック以降の家は四方にぐっと手足を伸ばすような、放射的な線をもっているからでしょう。

また、それ以前の家は教会建築と同じく軸線が東西を示して、正面は東向きでした(教会の正面は西が決まりですが)。

しかし、このころから、主要な部屋を明るい南側に配置するのが一般化したため、北に正面(north front)をおき、南側にも庭に面したサウス・フロントを設けることが定着しました。そして南北両正面に古代神殿風の三角形の切妻壁と円柱を配したポーチコ(portico)を設置するようになりました。

英国パラディオ様式

一七二〇年代には、グランド・ツアーで実際にイタリアを見聞してきたバーリントン卿やウィリアム・ケント、のちにレスター伯に叙せられるトマス・クック(Thomas Coke, 1st Earl of Leicester)たちが、前世代の英国バロックを、イタリア様式を勝手に解釈した邪道と非難しました。バーリントン卿は一世紀前にイニゴ・ジョーンズがパッラーディオの弟子スカモッツィから譲り受けた草稿のなかから、『建築四書』を英語で出版し、みずからもチズィック・ハウス(Chiswick House)やホウカム・ホールを設計しました。

彼らのパラディオ様式は正確にパッラーディオの様式を受け継いだものとはいえませんが、イタリア式に二階にあたる主要階(ピアノ・ノービレ piano nobile)に、左右一対の外階段で上っていく形式で、主要階部分にポーチコがつけられています。しかしイタリアの気候にあったこの様式も、雨の多い冬場の英国にはまったく不向きで、ホウカム・ホールの南面には外階段が設けられていませんし、ハウトン・ホールも創建者の二代目が南北両面とも外階段を取り壊し、現在見られる南面の外階段は、一九七二年に、先代侯爵夫人が亡き夫を記念して再建したものです。

新プラトン主義と新古典様式

十八世紀後半になると、新プラトン哲学の復活や科学的な考古学の発達の影響で、ルネッサンスを通してではなく、直接古代にふれて研究する気運が高まり、新進の建築家ロバート・アダム(Robert Adam 1728〜92)やウィリアム・チェインバーズ(William Chambers 1723〜96)がイタリアやギリシャに出かけて、実地に古代建築の遺跡を写生し、装飾や文様を採取しました。

その結果、英国建築史上もっとも洗練された、純粋な古典様式が実現しますが、その時代にはすでにほとんどのカントリー・ハウスの建築が完了していました。そのために、アダムが設計段階から完成まで全行程を手がけた建築はケドルストン・ホールやハーウッドなど少数にかぎられており、ほとんどの仕事は改築や内部の改装でした。アダムは建築家としてより、古代文様を組み合わせて、やわらかな赤、青、黄、緑、ピンクなどで彩色した天井や壁の漆喰《しっくい》装飾の、インテリア・デザイナーとして後世に知られています。

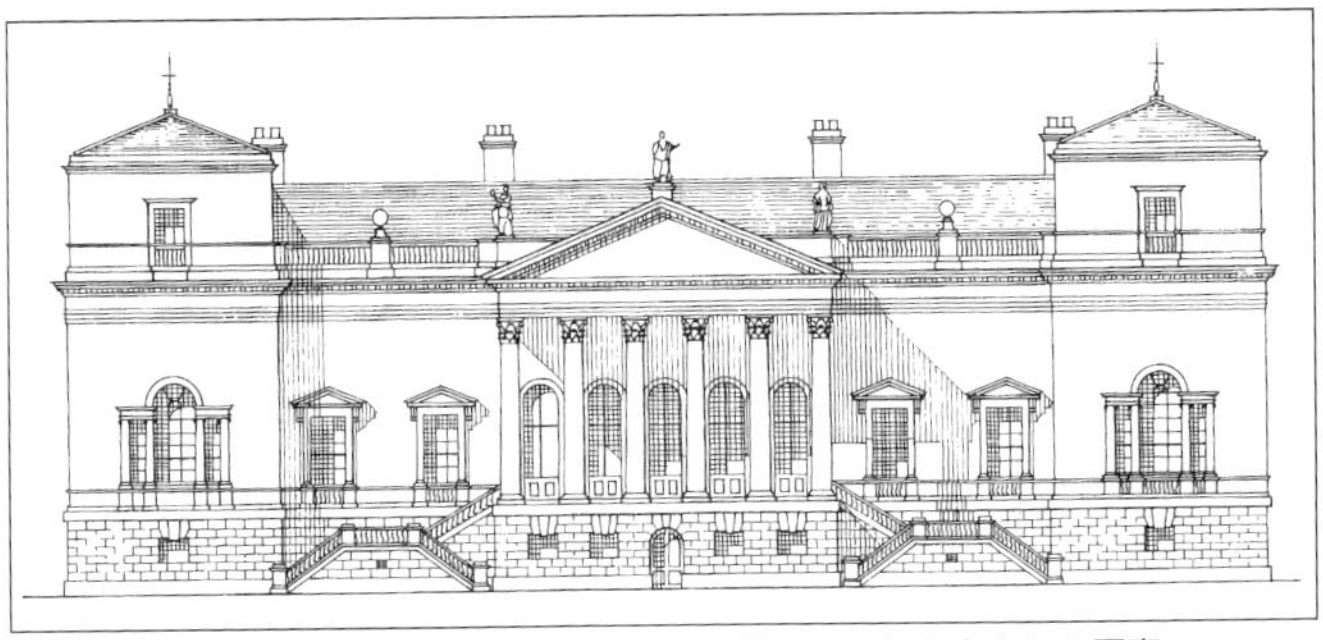
パッラーディオのヴィッラ・モチェネーゴを下敷きにしたホウカムの原案。

復興ゴシック様式

十八世紀末から十九世紀にかけて産業革命が成果をあらわし、英国に史上最高の繁栄をもたらして、英国人は自信にあふれていました。この気運を表現するには、繊細な新古典様式よりも、荒々しい力と威厳にみちた中世のゴシック様式が適していました。この復興ゴシック様式の代表は、なんといってもウェストミンスターの国会議事堂ですが、その設計者の一人チャールズ・バリーは、これと並行してカナーヴォン伯の館ハイクリア・カースル (Highclere Castle) を設計・監督しています。スケールはちがいますが、二つの建物が同じようなシルエットをもっていることがおわかりでしょう。

国会議事堂は大聖堂の様式をとっていますが、世俗の城のゴシック様式の復興もさかんにおこなわれました。ビーヴァー・カースル (Belvoir Castle) もそのひとつですが、内部は新古典様式、フランス・ロココ様式、それにゴシックとさまざまな様式がもちいられています。

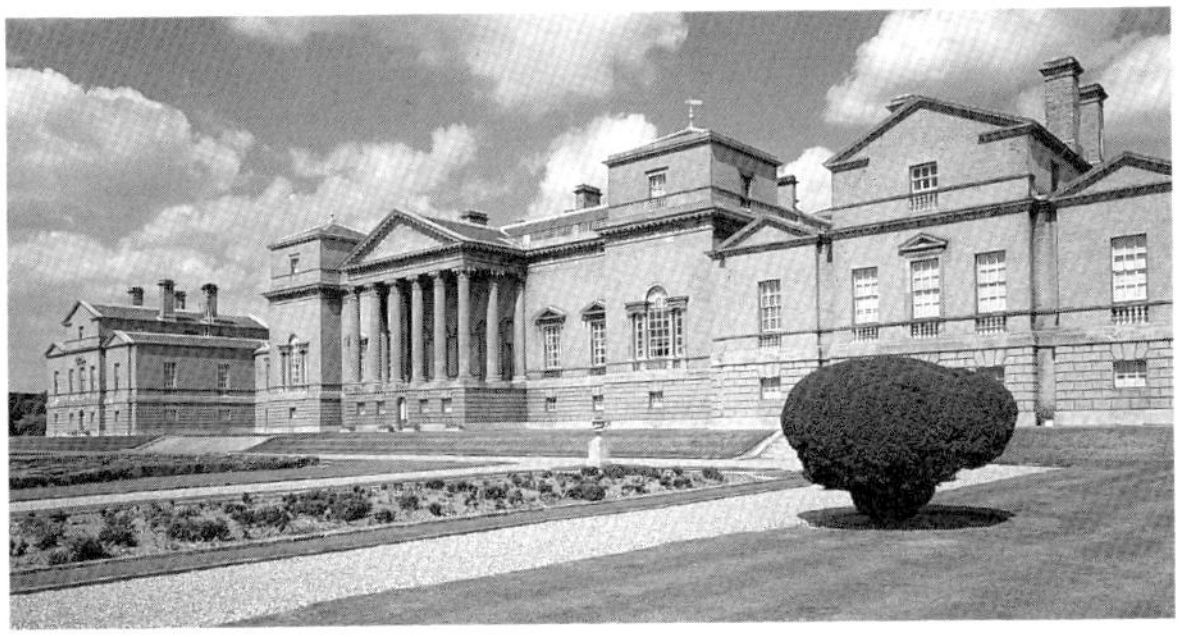
ホウカム・ホール南面。

18世紀前半英国芸術の最大のパトロン、第3代バーリントン伯爵。

ケドルストン・ホールの南面。

ビーヴァー・カースル。

ハドン・ホール

館の中心ヴァンケティング・ホール。

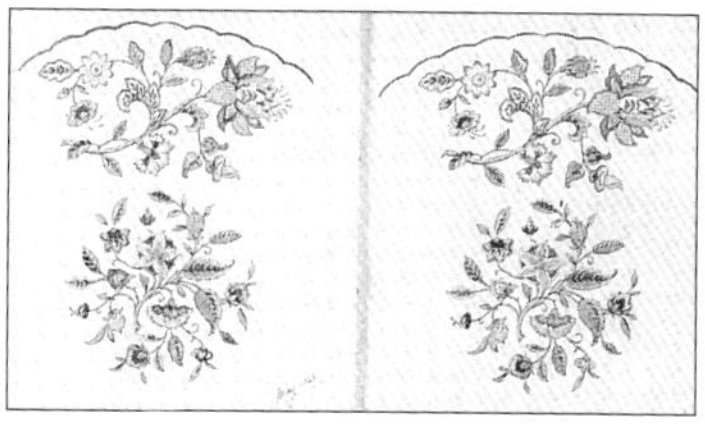

ミントンのハドンホール・パターンのデザイン画。上の写真のタピストリーの部分からとった図案。
©Royal Doulton plc 1998

ダイニング・ルーム。

ミントンの食器と日本人

イングランド中部のダービシャーは、各時代を代表するカントリー・ハウスの宝庫のような地域です。十七世紀末から十八世紀半ばにかけて、多くの館がバロック、パラディオ様式、新古典様式などに改装されたなかで、一部は十二世紀末以来、中世の荘園領主の屋敷マナー・ハウスの形態をほぼ完全に残しているハドン・ホールは、英国建築史のとりわけ貴重なサンプルです。

一九九一年にハドン・ホールを撮影に訪れたとき、管理人《コントローラー》が「これまでめったに見えなかった日本人の数が、最近急に増えたんです」と話してくれました。

「不思議に思ってたずねたら、ミントンの食器のパターンに〈ハドンホール〉というのがあるのだそうです。そのハドン・ホールがどんなところかと、はるばる訪ねて来られるというわけです」

このパターンのことは管理人もまったく初耳だったので、ミントンに問い合わせたところ、「ホールのハイ・テーブルの背後の壁にかかっているタピストリーの、わずか十センチメートル四方ほどの部分の文様からとった図案である」ということだったそうです。

ロング・ギャラリーの窓ガラスにはダイヤ形の凹凸がつけてある。

チャペル。15世紀のもので私邸としては英国最古。

近づいて「ここですよ」と言われましたが、類の五ミリメートル四方を数十倍に拡大した写真を示されて、「マリリン・モンローです。素敵でしょう」と言われているような感じで、私にはあまりピンときませんでした。

しかし、ハドン・ホールの立地は交通の便がよくありません。車を飛ばしてもロンドンからゆうに三時間。また、平日でも一時間に一本もない列車でチェスターフィールドまで三時間(週末には半分以下の本数になります)、そこから館にいちばん近いベイクウェルの町までバスで二〇キロメートル、そしてそこからかなりの距離を歩いてたどり着くのです。……日本人の好奇心と情熱には、管理人も私も半ば呆れ、半ば脱帽でした。

これら探求心旺盛な同胞がハドン・ホール自体の魅力を発見して、けっしてくたびれ損ではなかったと、十分な満足を得てくださることを願ってやみません。

近くにもう二つの見もの

同じベイクウェルには英国でももっとも多くの観光客を引き寄せる英国バロック様式の代表チャツワースが、また、チェスターフィールドの南西約一五キロメートルの小高い丘の上には、究極のエリザベス朝建築ハードウィック・ホールがあります。

レンタカーかタクシーを一日使えば、三月末から九月末までの月、火曜日を除いて、ロンドンから日帰りで、三つの名館を駆け足で見て回ることも可能です。

その場合には、開館時間と込み具合の関係から、一一時の開館を待ってチャツワースからはじめ、ハドン・ホール、ハードウィック・ホールの順で回ることをおすすめします。

2 英国の貴族文化

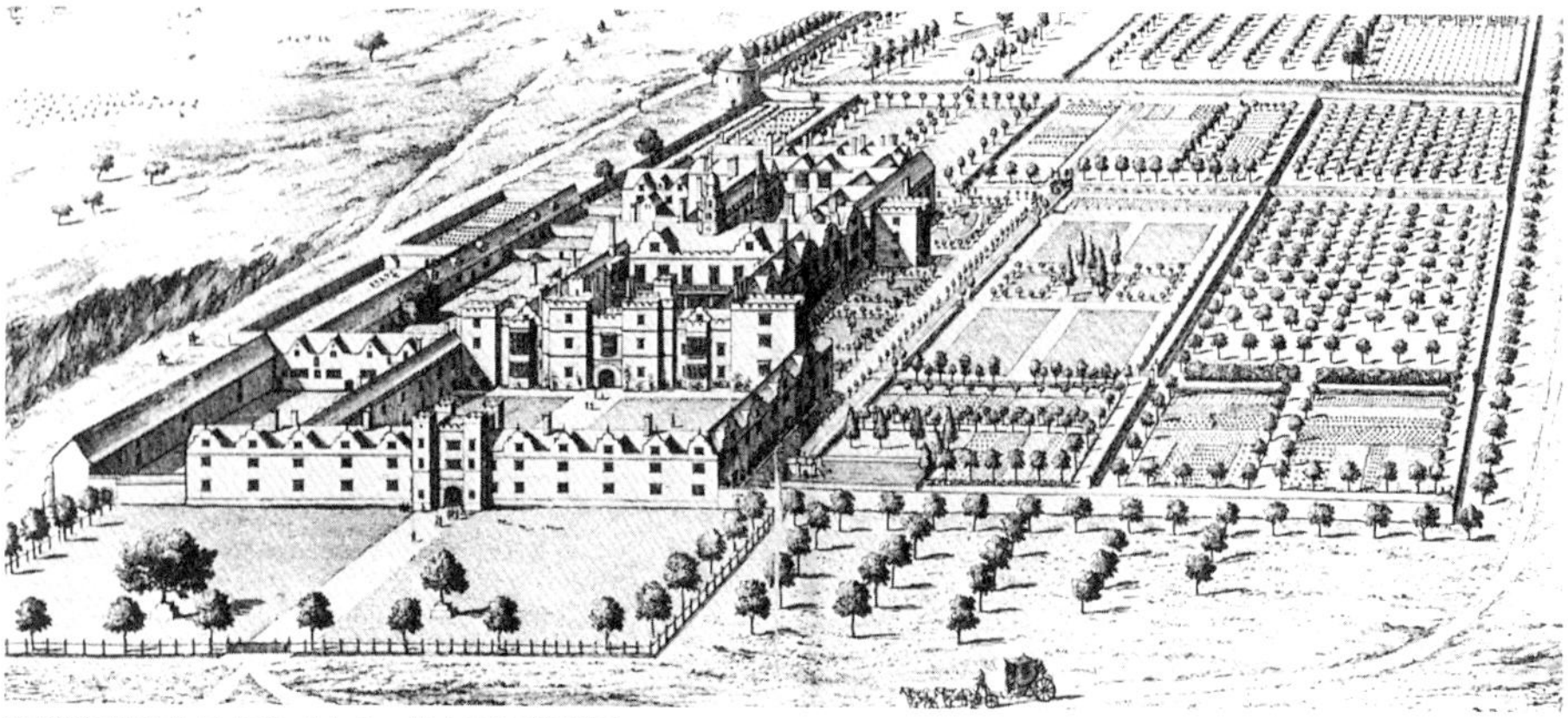

17世紀はじめごろのノウル・ハウスの鳥瞰図。

カントリー・ハウスの神髄

イギリスのカントリー・ハウスとまったく同じようなものは、ほかのどこにもない。フランスには城があり、イタリアには歴史を誇るヴィッラがあり、スペインには丘辺に架かる庭があり、ドイツには盗賊どもの城があるけれど、イングリッシュ・カントリー・ハウスという言葉と同じ意味をあらわすものは、ほかのどこにも見当たらない。

――ヴィタ・サクヴィル＝ウェスト『イングリッシュ・カントリー・ハウジズ』より

ヴァージニア・ウルフ（Virginia Woolf 1882～1941）と並んで、二十世紀の「新しい女性」を代表する作家ヴィタ・サクヴィル＝ウェスト（Vita Sackville-West 1892～1962）は、先祖である初代ドーセット伯爵トマス・サクヴィルが、一五六六年に又従姉にあたるエリザベス女王から拝領したケント州のノウル・ハウス（Knole House）に生まれました。ノウルは四世紀にわたってサクヴィル一族が住み、エリザベス朝、一部ジェイムズ王朝期の代表的なカントリー・ハウスのひとつです。ヴィタは第一次世界大戦前の上流階級の慣習にしたがい、学校には通わず、家庭教師によって高度な教育を受け、早くから文筆の才能を発揮します。

一九一三年にヴィタは、初代カーノック伯爵の子で、外交官のちに文筆家となるハロルド・ニコルスン（Sir Harold Nicolson 1886～1968）と結婚、同じくケント州にあるシシングハースト城（Sissinghurst Castle）を修復して住まいとし、夫婦協力して、そこにエリザベス朝期の庭園を復元しました。ノウルもシシングハーストも、現在は一〇〇年の歴史をもつ文化財と自然保護を目的とする財団ナショナル・トラストが管理、運営していますが、シシングハースト城の一隅には夫妻の子息で、作家、評論家そしてカントリー・ハウス研究家としても高名なナイジェル・ニコルスンが住んでいます。

ヴァージニア・ウルフは才長けた一〇歳年下のヴィタを敬愛し、やがてそれは同性愛的な感情にまで昂じて、ヴィタを性別、時間、空間を超越した存在に昇華した小説『オルランド』（Orlando 一九二八年）を献じます。そのなかで、エリザベス女王が、愛する年下のトマス・サクヴィルにノウル・ハウスを与えるテーマが記されています。

そんな生い立ちと境遇から、英国のカン

トリー・サイドを深く愛し、カントリー・ハウスとそこでの生活を知り尽くしているヴィタの文章を、もう少し引用してみましょう。

それは大きくても良いし、小さくても良い。それは宮殿のように壮麗でも良いし、荘園領主の館(マナー・ハウス)ぐらいでも良い。石造りでも、レンガ建てでも、漆喰仕上げでも、たとえハーフ・ティンバーでも良い。それは貴族の本邸でも良いし、ジェントルマンの住まいでも良い。要するにそれらのいずれであろうとも、それはひとつの際立った特徴をもっている。それは、「イングリッシュ・カントリー・ハウスである」ということだ。

読者は私がその「二つの語」の間にハイフンを入れないことにお気づきだろう。私は"country house"と書き、"country-house"ではない。これは敢えてそうしているのだ。なぜならば私は、何よりも、「その家はカントリー(田園)の一部を成している」ということを強調したいからだ。つまり、それはカントリー(地方)にあるというだけではなくて、ごく自然にその一部になっているのである。

17世紀末のウォラトン・ホールと所領の風景。

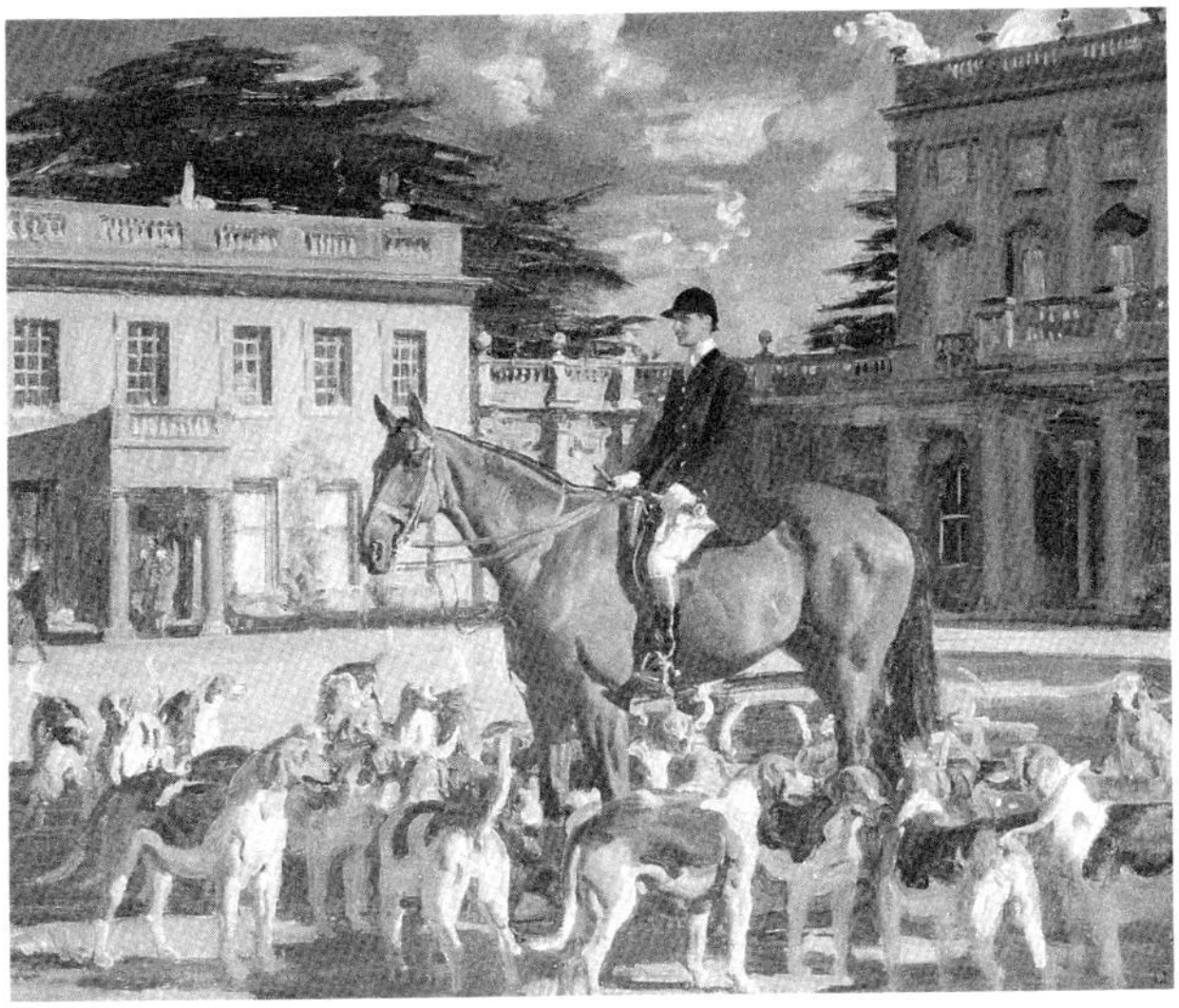

クリヴデンの前庭で猟犬に囲まれたアスター子爵。

ライム・パークのシューティングで鴨を撃つプロシャの皇太子。

第3代ドーセット伯リチャード・サクヴィル。

レイディー・セント・ジョンズ。1615年ごろ。

レイディー・シドニーと6人の子ども。1592年。

ある。壮麗であると慎ましやかであるとに拘わらず、それはそこの風景と一体になっているはずであり、昔も今もそこに住む人びとの暮らしを表していて、決してその周囲に出しゃばるものであってはならない。「イングリッシュ・カントリー・ハウス」の特異な才は、その周囲に溶け込む巧みなわざである。

少し抽象的で、わかりにくいと思われるかもしれませんが、カントリー・ハウスの神髄を、これほどみごとに表現した文章にお目にかかったことはありませんでした。私たちが今まで上梓したカントリー・ハウスについての二冊の本の標題は、それぞれ『英国貴族の館』『英国貴族の邸宅』としましたが、私は「英国貴族の」という表現がかならずしも最適とは思っていません。貴族の家、イコール、カントリー・ハウスとはいえないからです。

そうはいっても、ごく最近まで日本では、英国の「カントリー・ハウス」というものの存在すら、ほとんど知られておらず、直訳して「田舎の家」と思われてもしかたがない状況でしたから、出版社の方がたとさんざん考え、論議を重ねた末に、「英国貴族の」という表現に落ちついたわけです。

カントリー・ハウスを簡単に説明するときに、私は「主としてエリザベス朝末期の一五九〇年代からヴィクトリア女王が即位する一八三〇年代までに、その多くは貴族である支配階級の大地主たちが、英国各地に有する広大な所領に建てることを競った豪壮な邸宅」というような表現をしてきました。たしかに、カントリー・ハウスの創建者のほとんどが貴族であるか、のちに貴族に叙せられた人たちでした。

では貴族とは

公爵(duke デューク)、侯爵(marquis マークィス　英国の爵位はmarquessとつづる)、伯爵(earl アール　英国以外の爵位はcount カウント)、子爵(viscount ヴァイカウント)、男爵(baron バロン)のいずれかの爵位(title)を有する人を貴族(peer ピアー)といいます。

かつて君主制を布《し》いていたヨーロッパの国々にもこの制度がありましたが、多くの国が共和制に変わって、今日では貴族制度をもつ国は少なくなりました。しかし、十八世紀末に革命によって王制とともに消え去ったはずのフランス貴族の末裔たちが、今日でも先祖の爵位を名乗り、それがけっこう社会的な信用に役立っていると聞きます。日本でも明治十七年(一八八五)ヨーロッパをまねて華族制度が設けられ、一九四七年

チャムリー伯爵一家。ホガース画。1732年。

日本国憲法の制定とともに廃止されました。

本物は世襲貴族

　本来貴族は世襲ですが、最高裁判所に相当する貴族院の上訴裁判を担当する法律家(law lord)一一人と、一九五八年制定の「終身貴族令」によって授爵した一代かぎりの男爵(life peer)がいます。しかしそのなかには元炭坑労組委員長もいたりして、貴族的なイメージにはあわないので、一般には、世襲貴族と区別して考えられています。

　オクスフォード大学出版局一九八七年刊の『英国辞典』によれば、英国の世襲貴族(hereditary peer)の数は、エリザベス二世の夫君エディンバラ公のような王室公爵(Royal Duke)五、公爵二六、侯爵三六、伯爵一九二、子爵一二六、男爵四八二、女性伯爵五、女性男爵一三となっています。

英国貴族はどこがちがう

　英国の支配階級は、君主と王室を頂点とするピラミッド形の階級構造が破綻をきたすことがないように、つまり最上層の貴族階級がバブルのようにふくれあがらないよう、綿密、巧妙に、厳格なルールをつくりあげました。

　きわめて複雑で、部外者にはわかりにくいしくみですが、外国との比較でその特徴を二、三あげれば、まず爵位の保持を当主一人に限定すること、次に爵位の継承はもっとも近い血筋の年長の男子がおこなうこと、つまり王位(皇位)の継承と同じ順位です。日本の家系のように、血縁でないものを養子に迎えて、爵位や所領《エステイト》(Estate)を継承させることは許されません。

　英国の爵位は下位から順次上位のものが与えられることがあります。たとえば「アーチボールド第十代アーガイル伯爵、初代公爵」とあれば、複数の爵位をもっているということで、公爵を授かったからといって、伯爵以下の位が消滅するわけではなく、二つあるからひとつの爵位を息子や弟に譲るというわけにはいかないのです。また、スコットランドに二つ、イングランドにひとつの有名なカントリー・ハウスをもつバクルー・アンド・クィーンズベリ公爵(Duke of Buccleuch & Queensberry)のように、二つの公爵位をもつことも可能です。

名目だけの爵位
——*Courtesy Title*(カートシー・タイトル)

　爵位は当主だけのものなので、その相続人である息子も、厳密には父親が亡くなる瞬間まで法的には貴族ではありませんが、父親の二番目の爵位を名乗るのが慣例です。ランズダウン侯爵の長男チャールズはシェルバーン伯爵を名乗っていても法的には平民で、貴族院議員の資格はなく、逆に衆議院に立候補する資格がありましたから、実際に衆議院議員として政治活動をおこなっていました。

　所領も年長の男子の相続で、次男、三男には分け前はまったくありません。わずかな生活費をもらう部屋住みの身分を潔しとしない、気骨ある次男以下の男子が家を出て、学者、法律家、軍人、実業家あるいは植民地の経営者として活躍したことが、十八、九世紀における英国の繁栄に大きく貢献したとする見方もあります。

古今東西を通じて、富と財力が権力の維持に欠かせないものでしたから、かぎられた数の、桁はずれの富を有する貴族たちの権力の寡占化による強力な支配構造の維持が、十八、九世紀の英国の繁栄を支えたといえるでしょう。

いっぽう、他のヨーロッパの諸国では、父子、兄弟が同じ爵位を名乗り、相続も分割方式をとったために、爵位のインフレが起こって権威が低下し、所領は細分されて価値が下落しました。ふくれあがった上流階級は、それでも安逸を貪りつづけ、勤労を蔑視して、勤労者層の負担はますます重くなり、ついに古い体制は崩壊に向かって歩を速めたのです。

第3代アソル公爵の一家。ゾファニー画。18世紀後半。

ウェストミンスター侯爵一家。1831年。

サー(*Sir*)は貴族ではない

貴族ではありませんが、爵位と同じように、首相の推薦により君主から授与される称号に、バロネット(baronet)とナイト(knight)があります。ともに氏名の前に尊称 Sir をつけますが、前者は世襲で、後者は一代かぎりです。バロネットの場合、ナイトと区別したいときには、Sir Marcus Worsley, Bt. またはBart.と表記します。夫妻をいっしょに表記するときは、Sir David and Lady Wright とします。Sir にはかならず名前がつづき、Sir Wright のように直接姓がくることはありません。

呼称はきわめて複雑

爵位の呼称は紋章院(College of Arms)という役所と協議して決めます。多くは自分の苗字とは別の、ノーサンバランド公爵(The Duke of Northumberland)のような本拠に近い地名(本来は領地の)をとりますが、ダイアナ元皇太子妃の父(現在は弟)の爵位名、スペンサー伯爵(The Earl Spencer)のように、苗字をそのまま名乗るケースもあります。

いずれの場合もご当主はロード(Lord)をつけてよばれます。また、名目爵位を名乗る長男も同様ですが、公爵と侯爵の次男以下はロードに名前(苗字ではなく)を、伯爵、子爵、男爵の息子の場合には、ジ・オナラブル(the Honourable)をつけます。女子の場合は少し異なって、公爵、侯爵、伯爵の娘はレイディー(Lady)を、子爵、男爵の娘はジ・オナラブルを名前の前につけます。

カントリー・ハウスや貴族を語るときしばしば引用されるイーヴリン・ウォーの小説で、テレビドラマとしても好評を博した『ブライヅヘッド再訪』(Brideshead Revisited 1945 市販のヴィデオの邦題は『華麗なる貴族』)を例にとると、英国のカントリー・サイドが性にあわず、十七世紀末に先祖が中世の城をバロック様式に改装した「ブライヅヘッド城」とロンドンの住まい「マーチメイン・ハウス」を家族に残して、愛人とともにヴェネツィアで隠遁生活を送るマーチメイン侯爵はロード・マーチメイン(Lord Marchmain)、敬虔なカトリックである美しい夫人はレイディー・マーチメイン、長男の名目爵位ブライヅヘッド伯爵はロード・ブライヅヘッド(家族はブライディーという愛称でよぶ)、次男のドリアン・グレイ的な美少年はロード・セバスティアン、その妹で社交界にデビューしたばかりの美少女はレイディー・ジューリアと使用人たちはよんでいます。しかし、幼児のころ侯爵夫人に代わって子どもたちを育てた乳母《ナニー》ミセス・ホーキンズだけは、ロードやレイディーをつけずに、彼らの名前をよび捨てにします。

ブレニム・パレス。第9代公爵と家族の肖像。サージャント画。

公爵閣下は別格

日本語にも、陛下、殿下、閣下という類の敬称がありますが、これらの「下」は、身分の高い人を直接名指すのを憚《はばか》って、その人の足下を指すという意味なのだそうです。これと似た、へりくだった用法が英語にもあって、女王への直接のよびかけなら、初回は"How d' you do, Your Majesty."のように「ヨー・マジェスティ」、二度目からは"Yes, Ma' am"のように「マーム」。Ma'am は Madam の短縮形ですが、だからといって、「マダム」と言ってはいけないのだそうです。なぜか? 以前、娼家の女将をMadamとよんでいたので、「まさか女王陛下に同じ音でお答えするわけには」というわけです。

王室の男子の場合、初回は「ヨー・ハイネス」(Your Highness)、二度目からは「サー」といいます。

三人称で使用する場合はそれぞれ「ハー・マジェスティ」(Her Majesty)、「ロイアル・

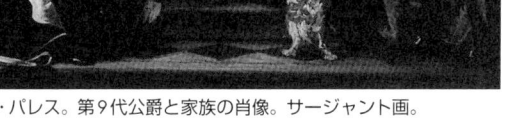

ハイネス」(His Royal Highness) となります。
同様に貴族の場合、「ヨー・ロードシップ」(Your Lordship)、「ヨー・レイディーシップ」(Your Ladyship) といいますが、女王陛下もとくに「マイ・カズンズ」とよびかける公爵だけは、「ヨー・グレイス」(Your Grace) と言います。

女王陛下の夫君はファーマー

基本的には農業国である英国の男性の理想は、金ができたら農地を買ってファーマー(farmer) になり、郷紳 (landed gentry) の仲間入りをすることでしょう。ファーマーというのは「お百姓」と少々ニュアンスがちがって、農場経営者のことです。昔は大勢の小作人(テナント)がいて、大農場のはずれには小作人小屋が並んでいました。

EC(現EU)に加盟以来、大陸の安い農産物との価格競争により、農業経営も楽ではないようで、ファーマーは朝早くから携帯電話を片手に指示を与えながら飛び回り、そのあいだにも刻々と変わる農産物の市況をケーブルテレビでながめて、売り時を的確に判断しなければなりません。

女王の三男エドワード王子の小学校が、オランダの学校と児童を交換してホームステイをさせたことがあります。先方の家庭が無用な気を遣わないように、王子の身分はふせてありました。ホームステイ先の家族から両親の仕事を尋ねられた王子は「パパはファーマーだけど、ママには別に職業はない」と答えたそうです。

王子の答えにうそ偽りはなくエディンバラ公は正しく英国最大のファーマーであり、女王は身分であって、職業ではありません。

1730年代のダブリン・カースルの舞踏会。

1896年。ブレニム・パレスのシューティング・パーティー。真ん中がエドワード皇太子(のちのエドワード7世)

1893年のウェストミンスター公爵あての請求書。狩猟場の番人の洋服代。

貴族にはゴム長が似合う

何世紀もつづいた世襲貴族の多くも、広大な所領に牧草地、畑、森林を所有するファーマーです。カントリー・ハウスを訪れて眼にするご当主のいでたちは、国会の開会式で見る礼服《ローブ》でも、アスコット競馬場の王室桟敷のモーニングにトップ・ハットでもなく、かなりくたびれたホームスパンの服にウェリーズとよばれるゴム長をはいた姿です。

何世紀にもわたって、彼らは地域の振興と田園の美化に力を注ぎ、農業改良にも熱心でした。英国の美しいカントリー・サイドは自然が生み出したものではなく、長い年月をかけて人の手がつくりだしたものなのです。羊の品種を改良し、英国ではじめて二毛作を成功させた初代レスター伯爵のような篤農家もいました。

苦難を乗り越える責任感

十八世紀までは「この世をばわが世と思う」特権を享受し、思いのままにカントリー・ハウスを建築し、飾ってきた貴族たちも、産業革命の進行にともない、生産性のいちじるしい向上による中産階級のめざましい台頭で、彼らの「いいもの独り占め」に対する不満と非難にさらされるようになってきました。一八三二年に自由党が推進してきた「選挙法改正法案」が通過したことが、貴族の特権に弔いの鐘を鳴らしたといわれます。ヴィクトリア朝期大英帝国の繁栄は、国民の貧富の格差を増大させ、平等を主張する社会主義的な考えが広がりました。

メラスティンのハディントン伯爵。

二十世紀に入り、第一次世界大戦（一九一四〜一九）の結果、英国を含む全ヨーロッパは「古き良き時代」に永遠の別れを告げます。二〇年代末の大恐慌、三〇年代に入ってナチスとファシズムの台頭、そしてふたたび世界を巻き込む大戦。戦後第一回の総選挙で、戦時連立内閣の首班として英国を勝利に導いたチャーチルの率いる保守党は敗北し、新しい労働党内閣は基幹産業を国有化、もてるものから徴する税制を実施、とくにわが国の相続税にあたる、八〇パーセントにも達する死亡税は、貴族たちを「われわれにはもはや死ぬ権利さえも与えられていない」と嘆かせました。

カントリー・ハウスの当主たちがそれらの維持に、収入のほとんどと、時には借金さえ注ぎ込むのは、「ただ責任感（sense of duty）から」と、異口同音に述べています。

これこそ英国人のお好みの言葉「ノブレス・オブリージ」（noblesse oblige 高貴なるものの責務）なのでしょう。

高貴なるものの責務

家の維持や所領の管理・経営だけでも多忙なのに、彼らはいくつもの慈善団体の長を務め、そのためにさく時間も相当なものです。平生人びとの尊敬を集め、一般にはできない暮らしをしているものの務めという考えが古くからあります。そして、国の存亡にかかわる事態が発生したときには、率先して事にあたるのを当然のことと考えます。カントリー・ハウスを訪れて、その家の歴史を聞くと、今世紀の二度の大戦で、長男のみならず次男以下も前線に散っている例があまりにも多いのに、驚きと感動を禁じえません。

カントリー・ハウスを飾る絵画

エリザベス１世の『アーミン・ポートレイト』。ヒリアード画。ハットフィールド・ハウス蔵。

エリザベス１世の『レインボー・ポートレイト』。ハットフィールド・ハウス蔵。

英国の宝庫

一九八五年にワシントンＤＣのナショナル・ギャラリー・オヴ・アートで、カントリー・ハウスに関する未曾有の大展覧会が開催され、多くの家から家宝の品々が出展され、六八〇ページの大カタログが作成されました。この展覧会の標題「英国の宝庫」(The Treasure Houses of Britain) はカントリー・ハウスの性格をよくあらわしています。

広壮な邸宅が超一級の絵画、彫刻、家具、調度品で埋め尽くされている――これがカントリー・ハウスの最大の魅力です。

カントリー・ハウスの黄金時代の十八世紀に建築の手本として崇められた、アンドレア・パッラーディオのヴィッラ（villa）を北イタリアのヴィチェンツァとその周辺、ヴェネツィアとパドヴァを結ぶブレンダ運河沿いに訪ね歩いたとき、外観は「さすが本物」と深い感動を覚えたものの、一歩屋内に入ると、時折ヴェロネーゼの壮大な壁画に出会うことはあっても、農家にあるような椅子とテーブル以外に家具・調度がほとんどないことに少なからず失望したことを憶えています。

光はイタリアから

十七世紀末から十九世紀初めにかけて、貴族、富裕階級の子弟のあいだでブームとなった大陸教養旅行、グランド・ツアーのハイライトは、なんといってもイタリア訪問でした。イタリアで美術の眼を養い、その成果として、すぐれた絵画・彫刻を土産に持ち帰るのです。

レオナルド、ラファエルなどルネッサンスの巨匠の作品もかなりの数含まれていま

『糸巻をもつ聖母子』。レオナルド画。

ドラムランリーク・カースルの『読書する老婦人』。レンブラント画。

ホウカム・ホールの風景の間。上段はクロード・ロラン。

す。バクルー公爵の館のひとつ、スコットランドの南西部にあるドラムランリーク・カースル (Drumlanrig Castle) の階段下の壁に、レオナルド・ダ・ヴィンチの『糸巻きをもつ聖母子』が、レンブラントの『読書する老婦人』と並んでかけられていましたが、二〇〇九年からエディンバラ、スコットランド国立美術館に寄託されています。

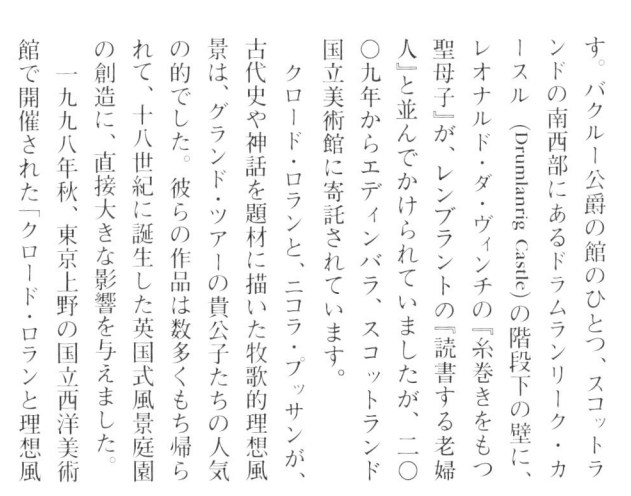

クロード・ロランと、ニコラ・プッサンが、古代史や神話を題材に描いた牧歌的理想風景は、グランド・ツアーの貴公子たちの人気の的でした。彼らの作品は数多くもち帰られて、十八世紀に誕生した英国式風景庭園の創造に、直接大きな影響を与えました。

一九九八年秋、東京上野の国立西洋美術館で開催された「クロード・ロランと理想風

左は名前のわからない女性。右はサー・アーノルド・ブリームズ。

カナレットのベネツィア風景。

グラームズ城のドローイング・ルーム。壁は王たちや先祖たちの肖像画で埋め尽くされている。

景」展に十八世紀英国にもっとも大きな影響を与えたといわれる『アイネイアスのいるテロス島の海辺』(ナショナル・ギャラリー蔵)と並んで、ホウカム・ホールから『ペルセウスと珊瑚の誕生』ほか二点が出品されていました。しかし、ホウカム・ホールの「風景の間」にはさらに数点のクロード・ロランの作品が飾られているはずです。

カントリー・ハウスを飾る西洋絵画の巨匠を数えあげればきりがありませんが、もう一人だけ超人気の画家をあげれば、ヴェネツィアを描いたカナレット(1697〜1768)です。彼の人気は並外れていたようで、一七四六年には富豪のパトロンに招かれて渡英、十八世紀半ばのテムズ川の風景を描いています。

ウーバン・アビーの「カナレット・ルーム」には、なんと二四点のカナレットの逸品が飾られていますが、そのうち二二点は第四代公爵が一七三一年から一年間のグランド・ツアーの期間に買い集めたものだそうです。

英国は肖像画の国

「英国人ほど先祖や親類縁者の肖像を飾ることに熱心な人たちはいない」ということは外国人ばかりでなく、英国人自身も認め

ジョシュア・レノルズの自画像。1747年ごろ。

ニコラス・ヒリアード作の左は雲から出た手を握る男。右は炎の前の男。

カースル・ハワードに残るバン・ジョーンズの衝立。

ることです。

いろいろな理由があるのでしょうが、われわれ外国人には極端だと思えるほどの英国人の「血縁」に対する執着と大きな関連があるのではないでしょうか。

「家」を大切に考えてきた日本では、家名維持のためにまったく血縁のない男子でも養子に迎える伝統がありますが、英国の爵位や所領は(原則として)血のつながった男子でなければ継承できません。家系の由緒正しさを他人に誇り、子孫には偉大な祖先をもったことをゆめゆめ忘れることのないように、代々の肖像画で壁面を埋め尽くすのでしょう。

家具は椅子とテーブル、室内の装飾はタピストリーと主婦が自分で刺繍したクッションぐらいしかなかったエリザベス朝時代でも、高貴な血筋を示す(それはしばしばつくり話だったそうですが)先祖や親類縁者の肖像画が壁を埋めていたといわれています。その名残りは当時のままに保たれているロング・ギャラリーに見ることができます。そのほかに好んで肖像画がかけられるのは階段の壁です。

国産品は十八世紀以降

一五六二年にエラスムスの推薦でサー・トマス・モアに招かれ、ヘンリー八世をはじめ多くの宮廷人の肖像を描いたドイツ人画家ハンス・ホルバイン(1497〜1543)はまだ稚拙な段階にあった英国人画家のなかで、比類ない輝きを見せています。

エリザベス朝期の宮廷画家ニコラス・ヒリアード(1547〜1619)の肖像画は表情がなく、手や腕の角度も不自然ですが、彼の製作した細密画《ミニアチュール》「バラの茂みの若者」「エリザベス一世」「炎の前の男」などは、縦がわずか六センチメートルから一二センチメートル程度の楕円のなかに描き込まれているにもかかわらず、訴えかける表情をもち、衣装の柄やアクセサリーの精緻な描写は、見る人の眼を小さな空間に引き込みます。

十七世紀のスチュアート朝期にはオランダからルーベンス(1577～1640)が招かれて、ホワイトホール・ヴァンケティング・ハウスにジェイムズ一世の遺徳を寓意化した大天井画を描きましたが、その弟子ヴァン・ダイク(1599～1641)も宮廷画家として、チャールズ一世や王室の人びとばかりでなく、貴族の肖像も多く手がけています。つづいてドイツ生まれのオランダ人ピーター・リーリ(1618～80)が、十七世紀後半に活躍します。ついでオランダとイタリアで修業したドイツ人画家ゴドフリー・ネラー(1646～1723)がおもにウィッグ派の上流階級のあいだで人気を博し、この時代からつづく貴族の家では、ネラーの作品が一枚もない家はないといってもよいほどのマスプロぶりでした。

　十八世紀後半はいよいよ英国産の画家、ジョシュア・レノルズ(1723～92)とトマス・ゲインズバラ(1728～88)の登場となります。ウーバン・アービーやセント・ジャーマンズ伯の家には、レノルズの肖像画だけが飾られている部屋があるほど、当時人気の画家でした。

オーガスタス・ジョン。

ルシアン・フロイドの描いたデヴォンシャー公爵家の人びと。

　レノルズ、ゲインズバラと肩を並べるジョージ・ロムニー(1734～1802)は、ネルソン提督の愛人となったハミルトン卿夫人エマの肖像画で世に知られるようになりましたが、上流階級の注文で絵を描くことを潔しとせず、個性的な文化人を描くことを好んだようです。

　ロンドンのレノルズにたいしてスコットランドで人気の肖像画家は、力強い男性の全身像ですぐれたヘンリー・レイバーン(1756～1823)でした。

　十九世紀末から二十世紀初めには、色彩よりも線と明暗の濃淡でモデルの性格を描き出したアメリカ人画家ジョン・シンガー・サージャント(1856～1925)が英国でも好まれました。

　二十世紀に入るとまず名前が浮かぶのが、オーガスタス・ジョンです。彼は注文で製作するのではなく、自分の好む人物を個性的に描きました。

　デヴォンシャー公爵が家族一人一人を現代の画家ルシアン・フロイドに描かせた絵は、本人にできるだけ近づけて描く従来の肖像画とはかけ離れたものですが、「今ではとんでもなく高価な財産になりました」と公爵は笑いながら語っていました。

訪ねてみたいカントリー・ハウス

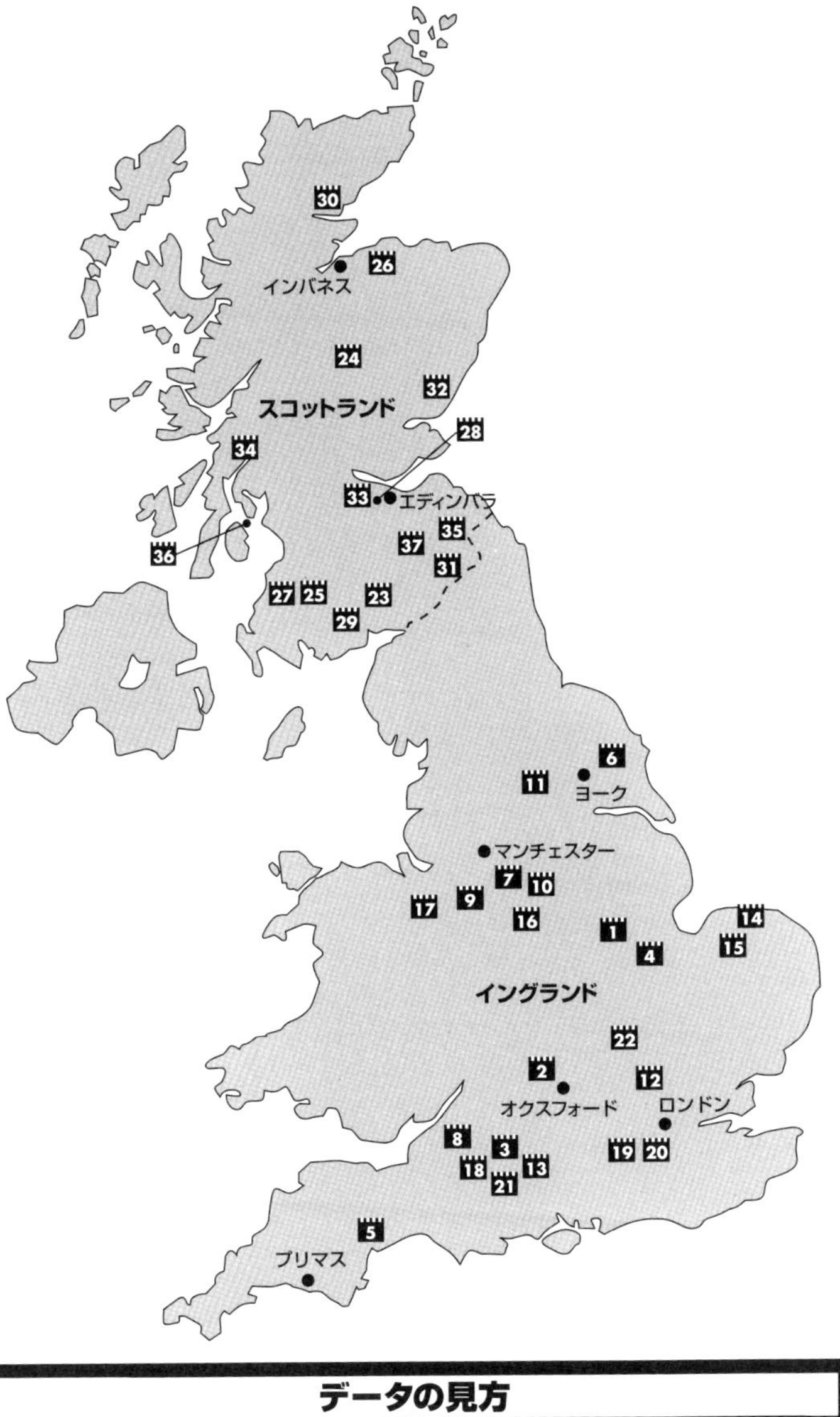

データの見方

1. 住所　2. 簡単な行き方（A30 などは道路番号）
公開期間その他のくわしい情報は、インターネット、ホームページ、または*HUDSON'S HISTORIC HOUSES AND GARDENS* をご参照ください。（毎年 3 月頃刊行。その年度に公開される英国全土とアイルランドの歴史的建造物、庭園のデータを掲載）

イングランド

1 ビーヴァー・カースル
2 ブレニム・パレス
3 ボウッド・ハウス
4 バーリー・ハウス
5 カースル・ドロゴ
6 カースル・ハワード
7 チャツワース
8 ディラム・パーク
9 ハドン・ホール
10 ハードウィック・ホール
11 ハーウッド・ハウス
12 ハットフィールド・ハウス
13 ハイクリア・カースル
14 ホウカム・ホール
15 ハウトン・ホール
16 ケドルストン・ホール
17 リトル・モートン・ホール
18 ロングリート・ハウス
19 オスタリー・パーク
20 サイアン・ハウス
21 ウィルトン・ハウス
22 ウーバン・アビー

スコットランド

23 アボッツフォード・ハウス
24 ブレア城
25 ブレアファン城
26 コーダー城
27 クレイン城
28 ダルメニ・ハウス
29 ドラムランリーク・カースル
30 ダンロビン城
31 フロアズ・カースル
32 グラームズ城
33 ホープタウン・ハウス
34 インヴェラーリ・カースル
35 マンダストン
36 マウント・スチュアート・ハウス
37 シアルスティン城

イングランド・スコットランドのカントリー・ハウス

イングランド

1 ＊ビーヴァー・カースル(*Belvoir Castle*)

ウィリアム征服王の旗手ロベール・ド・トドニが最初の城を築いた。1816年に火災で多くの貴重な美術品が焼失したが、19世紀ゴシック様式で再建。ニコラ・プッサン、ホルバイン、ルーベンス、レノルズらの絵は必見。地下のキッチン、とくにビヤ・セラーは興味深い。**1.**Nr Grantham,Leics. NG32 1PD **2.**A1でロンドンから2時間半。Grantham駅から11㎞

2 ＊ブレニム・パレス(*Blenheim Palace*)

イングランド最大のカントリー・ハウス。20世紀最大の政治家ウィンストン・チャーチルの生家。英国バロック建築の巨匠ヴァンブルーの代表作。半世紀後ケイパビリティ・ブラウンがレイクの改造をはじめ庭園を一新。**1.**Woodstook,Oxford OX20 1PX
2.Oxfordの北約13㎞、バスで30分
＊1987年にカントリー・ハウスではじめての世界遺産に指定

3 ＊ボウッド・ハウス(*Bowood House*)

第2次世界大戦後の重い相続税から所領を守るため、侯爵は母屋の主要部分を取り壊す決断をしたため、他の館と比べて小さいが、公開されているロバート・アダムのウィングは、科学史上の大きな発見の現場としても興味深い。ケイパビリティ・ブラウンの名園の一隅に立つアダム設計の霊廟も他に例がない。**1.**Caln, Wiltshire SN11 OLZ
2. London からM4 で 2 時間

4 ＊バーリー・ハウス(*Burghley House*)

エリザベス女王を即位以来終始支えた首席閣僚ウィリアム・セシルが建てた館。古代神殿をかたどった煙突群と小尖塔が、彼の権勢を象徴するかのように屋上に林立する。イタリア絵画と初期伊万里や中国陶磁の名品は、正確な収蔵記録とともに、研究者にとって貴重な資料となっている。庭はケイパビリティ・ブラウン。**1.**Stamford, Lincs PE9 3JY **2.** London からA1 で 2 時間、Stamford駅から2.5㎞

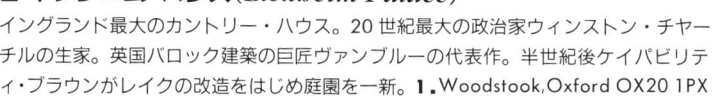

5 ＊カースル・ドロゴ(*Castle Drogo*)

量販店の先駆者として一代で財を成した実業家のために、20世紀英国の代表的建築家エドウィン・ラチャンズが第1次世界大戦直前に建てた城。外観は中世だが、内部の厨房、浴室などの設備は当時の技術の最先端を導入。**1.** Drewsteignton, Exeter EX6 6PB **2.** ExeterからA30を西へ23㎞、さらに南へ8㎞下る

6 ＊カースル・ハワード(*Castle Howard*)

1699年当時人気の劇作家ジョン・ヴァンブルーが、社交界の遊び仲間のカーライル伯爵の依頼により設計した、建築家としての処女作。英国バロック様式の代表作。彼のデザインによる庭も英国式風景庭園の先駆で、園内の「四風亭」と助手ホークスムアの設計した壮大な霊廟も有名。絵画、彫刻、陶磁器を多数所蔵。**1.** York, North Yorkshire YO6 7DA **2.** 鉄道：LondonからYork乗り換えMaltonまで約2時間半。駅から8㎞

7 ＊チャツワース(*Chatsworth*)

女傑「ハードウィックのベス」が創建に執念を燃やしたエリザベス朝の館を、17世紀末トールマンらの手で壮麗なバロック様式に改築。川をはさんで橋の向こうに館を望むアプローチは絵画的。所蔵する文化財の豊富なことでも知られる。**1.** Bakewell, Derbyshire DE45 1PP **2.** LondonからM1でChesterfield経由3時間半、鉄道でChesterfieldまで3時間余、そこからバスと徒歩で約1時間

8 ＊ディラム・パーク(*Dyrham Park*)

ゆるやかにうねる坂道を下って行くと美しい建物の正面が見えてくるアプローチは、映画『日の名残り』の冒頭のシーンに使われている。この印象的な正面はトールマンのデザイン。**1.** Near Chippenham, Wiltshire SN14 8ER **2.** Bathの北12㎞

9 ＊ハドン・ホール(*Haddon Hall*)

中世のマナー・ハウスの形態を純粋に残す数少ない館のひとつ。映画『ジェイン・エアー』や『王子と少年』のロケがおこなわれた。**1.** Bakewell, Derby DE45 1LA **2.** チャツワースとほぼ同じ

10 ＊ハードウィック・ホール(*Hardwick Hall*)

『ハードウィックのベス』が最後に建てた究極のエリザベス朝建築。**1.** Doc Lea, Chesterfield, Derbyshire S44 5QJ **2.** Chesterfieldから15㎞

11 ※ハーウッド・ハウス(*Harewood House*)

新古典様式の旗手ロバート・アダムが建築から内装まで手がけた。家具は名匠チブンデイル（チッペンデール）、庭はケイパビリティ・ブラウン。イタリア絵画の名品のコレクションでも有名。**1.** Harewood, Leeds, West Yorkshire LS17 9LQ　**2.** LondonからLeedsは鉄道で3時間以内。LeedsからHarrogateゆきのバスで15分

12 ※ハットフィールド・ハウス(*Hatfield House*)

創建者はバーリー卿ウィリアム・セシルの次男で、ジェイムズ1世の首席閣僚ロバート。赤レンガ造り白の隅石で葱花形（オジー）屋根の塔をもつ外観は、ジェイムズ王朝様式の典型。内装は木彫で装飾された板壁や怪獣の像など、この時代のゴシック趣味が随所に見られる。**1.** Hatfierd, Herts AL9 5NQ **2.** LondonのKing'sCrossから電車で40分。館の門はHatfierd駅の真ん前

13 ※ハイクリア・カースル(*Highclere Castle*)

1830年代に第3代カナーヴォン伯爵の依頼で、チャールズ・バリーが国会議事堂と並行して建てた復興ゴシック様式の館。第5代伯爵はツタンカーメン王の墓の発掘で有名。**1.** Newbury, Hants RG20 9RN　**2.** London-Newbury鉄道で45分、そこから南へ11㎞

14 ※ホウカム・ホール(*Holkham Hall*)

創建者初代レスター伯とグランド・ツアー帰りの仲間バーリントン伯とウィリアム・ケントの合作で、本格的英国パラディオ様式の第一作。美に対する眼をもっていた初代伯爵のコレクションも素晴らしい。**1.** Wells next-the-Sea, Norfolk NR23 1AB **2.** King's Lynn駅から48㎞

15 ※ハウトン・ホール(*Houghton Hall*)

英国が君主と顧問官による政治から、責任内閣制にかわった最初の首相ロバート・ウォルポウルの依頼でコリン・キャムベルが設計した英国パラディオ様式の先駆。**1.** King's Lynn, Norfolk PE31 6UE **2.** King's Lynnから21㎞

16 ※ケドルストン・ホール(*Kedleston hall*)

ロバート・アダムがイタリア留学後手がけた最初の作品。玄関のマーブル・ホールほか画期的な試みが各所に見られる。**1.** Quarndon, Derby DE22 5JH **2.** Derbyの北西8㎞

17 ※リトル・モートン・ホール(*Little Moreton Hall*)

英国でもっとも有名なハーフティンバーの家。**1.**Congleton, Cheshire CW12 4SD **2.** Congletonの北西6㎞

18 ※ロングリート・ハウス(*Longlete House*)

エリザベス朝でもっともバランスの美しいルネッサンス様式の外観を保つ館。内部は玄関ホールを除いて17世紀末バロック様式に改装されている。庭はケイパビリティ・ブラウン。**1.** Warminster, Wilts BA12 7NW **2.** LondonからM3で約2時間

19 ※オスタリー・パーク(*Osterley Park*)

エリザベス1世を迎えたこともある16世紀末の館を、18世紀にロバート・アダムが東正面に柱廊玄関と西面に外階段を設け、暖炉、家具、扉の金具にいたるまでの内装、庭の温室をデザインした。**1.** Isleworth, Middlesex TW7 4RB **2.** Londonの地下鉄Piccadilly LineのOsterley駅から徒歩10分

20 ※サイアン・ハウス(*Syon House*)

尼僧院の跡に16世紀に建てた館を、18世紀後半にロバート・アダムが改装した。ロンドンで見られるもっとも豪華な内装。**1.** Brentford, Middlesex TW8 8JF **2.** 地下鉄Gunnersburyからバス

21 ※ウィルトン・ハウス(*Wilton House*)

エリザベス朝期の家をイニゴ・ジョーンズが改装。とくにロココ風のダブル・キューブ・ルームはその豪華さで有名。16世紀以来の英国文化にあふれ、サー・フィリップ・シドニーがここに滞在して『アルカディア』を書き、シェイクスピアは『お気に召すまま』の初演をした。絵画のコレクションで有名。**1.** Salisbury, Wiltshire SP2 OBJ **2.** Salisbury駅から10分ごとにバス

22 ※ウーバン・アビー(*Woburn Abbey*)

ベドフォード公爵家の4世紀にわたる本拠。18世紀の壮麗な館にヨーロッパ絵画の巨匠たちの世界でも最大級のコレクションが各部屋を飾る。とくに24枚のカナレットのヴェネツィア風景は圧巻。**1.** Woburn, Bedfordshire MK43 OTP **2.** Londonから車でM1経由で約70㎞、1時間

スコットランド

23 ＊アボッツフォード・ハウス(*Abbotsford House*)

文豪サー・ウォルター・スコットが1812年に農家を買い取り、10年後に現在の家に建て替え、生涯ここで著作に励んだ。彼の収集した古い武器、9000冊の本は、彼の書斎とともに当時のままに保たれている。**1.** Melrose, Roxburghshire TD6 9BQ **2.** Edinburghから南へ56km、Melroseの町から5km

24 ＊ブレア城(*Blair Castle*)

700年以上もアソル公爵の家系に継承され、1921年皇太子時代の昭和天皇のご訪問以来皇族がたびたび訪問された。英国で唯一の私兵団The Atholl Highlandersが許されている。**1.** Blair Atholl, Perthshire PH18 5TL **2.** Blair Atholl駅からバスで1.6km

25 ＊ブレアファン城(*Blairquban Castle*)

1820年代のとくにスコティッシュ・バロニアル・スタイルとよばれる19世紀ゴシック様式の先駆。**1.** Maybole, Ayrshire KA19 7LZ **2.** Prestwick空港から24km Maybole駅から11km

＊持ち主が代わり、現在は結婚式など宴会や宿泊設備として使われている。

26 ＊コーダー城(*Cawdor Castle*)

シェイクスピアの『マクベス』にまつわる伝説で知られ、訪れる人が多い。**1.** Nairn IV12 5RD **2.** Invernessからバスで20分

27 ＊クレイン城(*Culzean Castle*)

アイリッシュ海を臨む断崖の上に屹立する城は中世を思わせるが、意外にもスコットランドには数少ないロバート・アダムの作品。外観とは対照的に内部はアダムの新古典様式。**1.** Maybole,Strath-clyde KA19 8LE **2.** Maybole駅の西4km

28 ＊ダルメニ・ハウス(*Dalmeny House*)

エディンバラの北西約10km、フォース湾を臨む。19世紀ゴシック様式としてはもっとも優美な家。レノルズ、ゲインズバラ、レイバーン、ロレンスらの肖像画、姻戚に当たるロスチャイルド家からの18世紀フランス家具のコレクション、ナポレオンの所持品のコレクションなどがある。**1.** South Queensferry, Edinburgh EH30 9TQ **2.** Dalmeny駅から4.5km

29 ＊ドラムランリーク・カースル(*Drumlanrig Castle*)

バクルーとクィーンズベリの二つの爵位を兼ね、スコットランドにはBowhill、ノーサムプトンシャーにはBoughton Houseを所有する公爵の館のひとつ。公爵は美術、工芸の名品を数多く所属し、ここにもレオナルド、ホルバイン、レンブラントが何気なくかけてある。15世紀の城を17世紀末にピンクの砂岩を用いて、スコットランドでは最初で最大の住宅に改築した。**1.** Thornhill, Dumfriesshire DG3 4AQ **2.** Edinburgh, Glasgow, Carlisleのいずれからも車で約1時間半

30 ＊ダンロビン城(*Dunrobin Castle*)

北海を見下ろす崖の上におとぎの国のようにそびえる白亜の城。13世紀の創建だが17、18、19世紀にそれぞれの時代に合わせて増改築がおこなわれた。**1.** Golspie, Sutherland KW10 6SF **2.** A9でInvernessの北80km、Golspieから1.5km

31 ＊フロアズ・カースル(*Floors Castle*)

1721年初代ロクスバラ公爵の住まいとしてウィリアム・アダムが建てた古典様式の館を、第6代公爵が多くの小尖塔や小円蓋を載せて、城に変貌させた。そのシルエットはエリザベス朝のロングリートやバーリーを思わせる威容を誇っている。**1.** Kelso, Roxburghshire TD5 7SF **2.** Kelsoの中心から1.5km

32 ＊グラームズ城(*Glamis Castle*)

コーダー城と並んでシェイクスピアの『マクベス』にまつわる伝説で有名。現女王の母エリザベス皇太后の生家。**1.** Glamis, Angus DD8 1RJ **2.** Dundee駅からバスで20km

33 ＊ホープタウン・ハウス(*Hopetoun House*)

フォース湾を見晴らし、フォース鉄道橋と道路橋を一望におさめる景勝の地に立つ館で、18世紀初頭に宮廷建築家ウィリアム・ブルースが建てた部分と20年後ウィリアム・アダムが建てた部分の二重構造。スコットランドには多くないパラディオ様式の家。**1.** South Queensferry, Edinburgh EH30 9SL **2.** Edinburghの西20km、車で25分

34 ＊インヴェラーリ・カースル(*Inverary Castle*)

スコットランドで強大な権力を保持し、世界各地に広がるキャムベル一族の長であるアーガイル公爵の15世紀以来の居城であり、現在の建物は1740年～90年にかけてウィリアム・アダムの設計で改築されたもの。**1.** Inverary, Argyll PA2 8XE **2.** Glasgowから車で1時間半から2時間

35 ＊マンダストン(*Manderston*)

Huntley & Palmersというビスケットで財を成して授爵したパーマー男爵が、20世紀初頭に18世紀新古典様式を再現して建てた館で、ケドルストンをコピーした玄関ホールをはじめアダム様式を踏襲。階段の銀製の手摺は金に糸目をつけない浪費ぶりがうかがわれる。**1.** Duns, Berwickshire TD11 3PP **2.** Edinburghから車で約1時間 Berwick駅から約20㎞

36 ＊マウント・スチュアート・ハウス(*Mount Stuart House*)

ビュート侯爵がウィリアム・バージェズに改装させたウェールズのカーディフ城と並んでもっとも壮麗なヴィクトリア朝ゴシック様式の館。邸内の名画、金銀製の器や燭台など贅を尽くしている。**1.** Isle of Bute, PA20 9LR **2.** Glasgowから電車でWemyss Bayへ。フェリーでRothesayまで約1時間。館までバスで20分

37 ＊シアルスティン城(*Thirlestane Castle*)

現在もここを住まいとするメイトランド家の先祖が13世紀に築いた砦を中心に1590年代に構築され、その後増改築はなされたが、スコットランドでもっとも古く完全な形を保つ城のひとつ。各時代の内装の変化が見られる。 **1.** Thirlestane, Castle Lauder, Berwickshire TD2 6RU **2.** EdinburghからA68で南へ45㎞、車で50分

カバー表：ハイクリア・カースルのサルーン
カバー裏：コーダー城の庭園
表紙：ハイクリア・カースル外観
P.1　ロングリート・ハウス
P.2&3　スコットランドのキンロス・ハウス
P.4　ロングリート・ハウスと池
P.5　チャツワースの「壁画のホール」
P.19　ビーヴァー・カースルの応接間
P.25　チャツワースの寝室
P.61　コーダー城
P.81　カースル・ハワードの南面

本書関連の映画リスト

『オルランド』
監督：サリー・ポッター　出演：ティルダ・スウィントン／シャーロット・バランドレイ 1992年英国、ロシア、イタリア、フランス、オランダ
青年貴族オルランドは、16世紀から400年に渡り、男から女へと生まれ変わりながら生きつづける。性別、時間、空間を超越した奔放な生を描く。

『日の名残り』
監督：ジェイムズ・アイヴォリー　出演：アンソニー・ホプキンス／エマ・トンプソン　1993年　米国
名門貴族の館を舞台に、執事スティーブンスの人生を、メイドのミス・ケントンに対する抑制された恋心を中心に描く。

『永遠の愛に生きて』
監督：リチャード・アッテンボロー　出演：アンソニー・ホプキンス／デブラ・ウィンガー　1993年　米国
壮年のC・S・ルイスとジョイ・グレシャムの、実話にもとづくラブ・ストーリー。舞台はルイスが教授を務めたオクスフォードのモードリン・コレッジ（Magdaren College）。ホールでの食事の前に全員が起立し、学寮長が食前の祈りを唱えるシーンがある。

『マイ・フェア・レディ』
監督：ジョージ・キューカー　出演：レックス・ハリスン／オードリー・ヘプバーン　1964年　米国
ミュージカルの傑作。貴族の息子である言語学者・ヒギンズ教授が、下町の花売り娘・イライザを短期間の特訓で社交界の花形レイディーに変身させる。イライザが舞踏会場で、人々の好奇の視線を集めながら階段を上がっていくシーンがある。

『炎のランナー』
監督：ヒュー・ハドソン　出演：ベン・クロス／イアン・ホルム
1981年　英国
1924年のパリ・オリンピック出場をめざす2人のランナーの物語。ユダヤ人青年は人種差別に対する抵抗のために、聖職者の息子は神のために走る。

『英国式庭園殺人事件』
監督：ピーター・グリーナウェイ　出演：アンソニー・ヒギンズ／ジャネット・スーズマン　1982年　英国
舞台は17世紀末の英国南部。上流階級一家で、さまざまな策謀が渦巻くミステリー。

『ブレイブハート』
監督：メル・ギブソン　出演：メル・ギブソン／ソフィー・マルソー
1995年　米国
14世紀、スコットランドの独立をめざして抵抗軍を組織し、スターリング・ブリッジの戦いでイングランドを撃破したウィリアム・ウォリスの半生を描くヒストリー・ロマン。

©COPYRIGHT 1992 ADVENTURE PICTURES (ORLANDO) LIMITED　写真提供・フランス映画社

参考になる本

片木篤『イギリスのカントリーハウス』丸善　一九八九年
建築史の専門家によるカントリー・ハウスを中心とした中世からエドワード朝にいたる英国建築通史

田中亮三（文）増田彰久（写真）『英国貴族の館――THE COUNTRY HOUSE』講談社　一九九二年
十六世紀から十九世紀の各時代のイングランドの代表的館十八軒を大判のカラー写真で紹介し、カントリー・ハウスの歴史と各時期の特色、各館の背景と特徴を述べている

田中亮三（文）増田彰久（写真）『英国貴族の邸宅――Robert Adam's Country House』小学館　一九九七年
十八世紀後半新古典様式の建築を確立したロバート・アダムの代表作十一軒を紹介

杉恵淳宏『英国カントリー・ハウス物語』彩流社　一九九八年
英文学者の綿密な調査と正確な記述によるカントリー・ハウスの百科全書的な好著

Mark Girouard, *Life in the English Country House—A Social and Architectural History*, Yale 1978
森静子・ヒューズ訳『英国のカントリー・ハウス』住まいの図書館出版部　一九八九年
これまでのカントリー・ハウスの研究書は建築について述べたものがほとんどであったが、社会史的な視点から、時代的背景とその中に生きた人々に光をあてた画期的な書

新装版によせて

新装版刊行にあたって、もう一度丹念に読み直しをしてみました。初版の刊行から三刷までに、多少の訂正や加筆はおこないましたが、その間大学での「英国文化論」のテキストに使用して学生たちの意見をきいたり、また、本書をたずさえて、カントリー・ハウス巡りをした多くの方がたの感想をうかがい、このサイズとページ数で可能な情報は盛り込めたと思っております。

もちろん本書の大きな魅力は、これらの館のオーナーたちも唸らせた、増田彰久さんの美しい写真であることは、いうまでもありません。しかし、これらの家のほとんどが個人の所有で、勝手に撮影できるわけではなく、「歴史的建築物協会」(Historic Houses Association)の会長だったラウンズダウン侯爵やレスター伯爵、この協会のスコットランドの会長だったジェイムズ・ハンター・ブレア氏（通称ジェイミー）が、オーナーたちに自筆の紹介状を書いてくれたことで、門が開かれ、まるでわが家のように自由に歩きまわって、写真を撮ることができたのです。

私たちを寛大に迎えてくれたオーナーたちの幾人かは、すでに故人となられ、とくに長年の親友のように私たちをもてなし、望むままに紹介の労をとってくれたジェイミーに、二〇〇四年のクリスマスの朝突然の死が訪れたことは、私たちにとっていまだに癒されない悲しみです。

世代交代はどこの国、いつの時代にもやってくるものですが、イギリスのこのような館のほとんどは、一族の次の世代が、以前と変わらずその家を守っています。

爵位は直近の血縁の男子が継ぐという原則があって他家に移り、館は他の個人や非営利団体の管理に移されるケースもままありますが、家自体は従来どおりに保たれるのが一般的です。

初版の準備をした頃は、まだ今日ほどインターネットやホームページといったものが一般的ではありませんでしたが、今は Google.co.uk などで、巻末の「訪ねてみたいカントリー・ハウス」一覧にある館の名前を検索すると、ホームページで最新情報が見られますので、お訪ねになる前に開館時期などお確かめください。

「カントリー・ハウスのなかの東洋」(五十八頁参照)で、一般に「伊万里」と呼ばれる十七、十八世紀の有田産の磁器が多くの家に所蔵されていることにふれましたが、二〇〇七年夏の日本の専門家の調査で、オランダ東インド会社による輸出開始以前の時期の伊万里が、とくにイースト・アングリアと呼ばれるイングランド東部の各所の収蔵品のなかに発見されました。オランダ東インド会社による長崎からヨーロッパへの輸出ルート以外に、当時長崎への入港を許されていた中国船による貿易ルートと、そこからヨーロッパまでのルートが、今後の研究の大きなテーマとなりそうです。また、明治期の日本の美術品も各所で見られます。みなさんも歴史的な館を訪れる際には、これら「英国のなかの日本」にもぜひ注目していただきたいと思います。

田中亮三

二〇〇七年十二月

◉著者略歴

田中亮三（たなか・りょうぞう）Ryozo TANAKA
一九三四年生まれ。慶應義塾大学大学院文学部英文学専攻修了。ケンブリッジ大学に留学、英文学・言語学を専攻。慶應義塾大学名誉教授。一九六八年の渡欧以来、英国の建築、とくにカントリー・ハウスに魅せられ、訪れた館は三〇〇を超えている。一九八七年と一九九六年には、ケンブリッジ大学建築・美術史学部の研究員として、英国建築史の第一人者デイヴィッド・ワトキン教授に師事し、カントリー・ハウスの歴史を研究。著書に『英国貴族の館』（講談社）、『英国貴族の邸宅』（小学館）、『イギリスの近代化遺産』（小学館）など。二〇一〇年七月死去。

増田彰久（ますだ・あきひさ）Akihisa MASUDA
一九三九年生まれ。日本大学芸術学部写真学科卒業。日本写真家協会・日本旅行作家協会会員。一九八三年に第三三回日本写真協会年度賞、一九八五年に第九回伊奈信男賞、二〇〇六年に日本建築学会文化賞を受賞。四〇年以上にわたり建築写真に取り組み、その成果は『日本の建築（明治・大正・昭和）』（全一〇巻）（三省堂）、『建築探偵東奔西走』（朝日新聞社）、『英国貴族の邸宅』（小学館）、『日本の洋館』（全六巻）（講談社）、『写真な建築』（白揚社）、『棟梁たちの西洋館』（中央公論新社）、『西洋館を楽しむ』（筑摩書房）などにまとめられている。

ふくろうの本

新装版

図説 英国貴族の城館 カントリー・ハウスのすべて

一九九九年 一 月二五日初版発行
二〇〇八年 一 月三〇日新装版初版発行
二〇一七年 四 月三〇日新装版初版発行
二〇二三年 三 月二〇日新装版初版印刷
二〇二三年 三 月三〇日新装版初版発行

著者……………文・田中亮三
　　　　　　　写真・増田彰久
デザイン………海野幸裕・宮本香
新装版装幀……松田行正＋杉本聖士
発行者…………小野寺優
発行……………株式会社河出書房新社
　　　　　　　〒一五一−〇〇五一
　　　　　　　東京都渋谷区千駄ヶ谷二−三二−二
　　　　　　　電話　〇三−三四〇四−一二〇一（営業）
　　　　　　　　　　〇三−三四〇四−八六一一（編集）
　　　　　　　https://www.kawade.co.jp/
印刷……………大日本印刷株式会社
製本……………加藤製本株式会社

Printed in Japan
ISBN978-4-309-76324-8